Süßes aus Großmutters Küche

Stocker
stv

Umschlaggestaltung: Werbeagentur Rypka GmbH, 8143 Dobl/Graz
Titelbild: „Gibanica" aus Slowenien, Rezept siehe Seite 63.
Alle Rezepte und Rezeptbilder: Kochen & Küche, Graz

Bibliografische Information Der Deutschen Bibliothek
Die Deutsche Bibliothek verzeichnet diese Publikation in der Deutschen Nationalbibliografie; detaillierte bibliografische Daten sind im Internet unter
http://dnb.ddb.de abrufbar.

Hinweis: Dieses Buch wurde auf chlorfrei gebleichtem Papier gedruckt. Die zum Schutz vor Verschmutzung verwendete Einschweißfolie ist aus Polyethylen chlor- und schwefelfrei hergestellt. Diese umweltfreundliche Folie verhält sich grundwasserneutral, ist voll recyclingfähig und verbrennt in Müllverbrennungsanlagen völlig ungiftig.

Auf Wunsch senden wir Ihnen gerne kostenlos unser Verlagsverzeichnis zu:
Leopold Stocker Verlag GmbH
Hofgasse 5 / Postfach 438
A-8011 Graz
Tel.: +43 (0)316/82 16 36
Fax.: +43 (0)316/83 56 12
E-Mail: stocker-verlag@stocker-verlag.com
www.stocker-verlag.com

ISBN 978-3-7020-1230-4

Layout und Repro: Werbeagentur Rypka GmbH, 8143 Dobl/Graz
Druck und Bindung: Gorenjski tisk, Kranj - Slowenien

Süßes aus Großmutters Küche

Einfach & gut!

Die besten Rezepte

Leopold Stocker Verlag
Graz – Stuttgart

Inhalt

Alphabetisches Rezeptregister

Süßspeisen – so lecker wie bei Großmutter

Sicher erinnert sich jeder noch an die köstlichen Süßspeisen, die die Großmutter immer zubereitet hat, wenn die Enkel auf Besuch kamen. Jede Naschkatze kam da auf ihre Kosten, und vielen läuft noch heute das Wasser im Mund zusammen, wenn sie an diese leckeren Süßspeisen denken. Wie der Duft von verschiedenen Kuchen, Aufläufen oder Hefezöpfen/Striezel durchs Haus zog, ist eine unvergessliche Erinnerung an die Kindheit.

Oft in Vergessenheit geraten

In vielen Familien ist das alte Wissen über traditionelle süße Gerichte mit dem Tod der geliebten Großmutter in Vergessenheit geraten. Dann wurde vielleicht versucht, diese Lücke mit Fertig- oder Tiefkühlgerichten zu schließen, oder es wurden bei verschiedenen Bäckereien Kuchen, Torten und sonstige Leckereien erworben. Das ist alles zweifelsohne sehr schmackhaft, aber mit den köstlichen Süßspeisen, die mit so viel Liebe und Hingabe von der Großmutter zubereitet worden sind, sicher nicht zu vergleichen.

Süßspeisen neu entdeckt

In „Süßes aus Großmutters Küche – Einfach & gut" haben wir nun die Lösung, wie Sie einfach und schnell die leckersten Köstlichkeiten aus Ihrer Kindheit auf den Tisch zaubern können. Darin finden Sie alle Rezepte, die schon die Großmutter zubereitet hat, mit einfachen Anleitungen und vielen Ablauffotos, damit Sie Ihren Kindern eine ebenso große Freude mit Süßspeisen machen können, wie das vor Jahren Ihrer Großmutter gelungen ist.

Egal, ob Sie Kuchen, Torten, Strudel oder Gugelhupf, Aufläufe oder Buchteln backen, verschiedene Knödel und Nockerln in Salzwasser kochen, Krapfen und Strauben frittieren möchten – hier finden Sie für jede Zubereitungsart das richtige Rezept. Sogar Rezepte für bekannte Brauchtumsspeisen befinden sich in diesem Buch.

Was alles in der Küche gezaubert werden kann

Cremeschnitten mit Vanille-Topfen-Fülle, Himbeerkuchen mit Kürbiskernöl, Aprikosen-Streuselkuchen, Haferflockenkuchen, Buchweizenroulade, Gmundner Gugelhupf, Vanillekrapfen mit Creme gefüllt, Marzipanspitzen, Apfelnockerln mit Johannisbeer-/Ribiselsauce oder Briocheauflauf zeigen schon, dass Sie hier alles finden, was Herz und Magen begehren.

Verwöhnen Sie Ihre Liebsten mit 63 Süßspeisen, wie das schon Ihre Großmutter getan hat. Sie werden ihnen keine größere Freude bereiten können!

Wir wünschen gutes Gelingen und guten Appetit!

Orangen-Dattel-Törtchen

mit weißer Schokolademousse

Zutaten (8 Törtchen)
8 Teigschüsserln (6 cm Durchmesser) aus Mürbe-, Biskuit- oder Blätterteig (im Handel erhältlich)
4 Orangen, unbehandelt
20 Datteln, geschält und entsteint
4 cl Grand Marnier (Orangenlikör)

Schokolademousse
190 g weiße Schokolade
1 Ei
1 Eigelb/Eidotter
2 Blatt Gelatine
350 ml Sahne/Obers

Garnitur
Orangenscheiben, getrocknet
2 Teigschüsserln, zerkleinert

Frischhaltefolie für die Form

Vorbereitung

- Für die Mousse Ei mit Eigelb/Eidotter im Schneekessel über Dampf schaumig schlagen. Gelatineblätter in kaltem Wasser einweichen.
- Weiße Schokolade im Wasserbad schmelzen und in den Eischaum einrühren, Sahne/Obers halbsteif schlagen und mit der Schokolademasse vermischen.
- Gelatine gut ausdrücken, in 2 Esslöffeln kochend heißem Wasser auflösen und schnell in die Masse einrühren.
- Eine geeignete, 5 cm hohe Form mit Frischhaltefolie auslegen, mit der Mousse füllen und für mindestens 4 Stunden in den Kühlschrank stellen (kann auch am Vortag gemacht werden).

Zubereitung

- Aus den Orangen 8 dicke Scheiben schneiden und das Fruchtfleisch aus der Schale lösen. Diese beiseite geben. Das Fruchtfleisch in kleine Würfel schneiden und die Kerne entfernen.
- Die Datteln klein schneiden, mit den Orangenwürfeln vermischen und mit Orangenlikör marinieren.
- Die Teigschüsserln auf einer Arbeitsfläche auflegen, je eine ausgelöste Orangenschale daraufsetzen und die Schüsserln mit den marinierten Orangen- und Dattelstücken füllen.
- Die Schokolademousse aus dem Kühlschrank nehmen, aus der Form stürzen und die Frischhaltefolie abziehen. Mit einem runden Ausstecher (5 cm Durchmesser) 8 Portionen aus der Mousse ausstechen und diese auf die gefüllten Orangenschalen setzen.
- Mit getrockneten Orangenscheiben, Datteln und dem Bruch von den Teigschüsserln verzieren. Auf kalten Tellern anrichten und servieren.

Zubereitungszeit 1 Stunde, Wartezeit 4 Stunden

Cremeschnitte
mit Vanille-Topfen*-Füllung

Vorbereitung
- Für die Vanille-Quark-/Topfen-Füllung Gelatine in kaltem Wasser einweichen. Eigelb/Eidotter, Ei und Puder-/Staubzucker schaumig rühren. Mark der Vanilleschote ausschaben und in die Eiermasse einrühren.
- Quark/Topfen mit einem Schneebesen in die Masse einrühren. Einen Spritzer Sahne/Obers erwärmen, Gelatine ausdrücken und in der Sahne/Obers auflösen. Die mit Gelatine versetzte Sahne/Obers in die Quark-/Topfenmasse rühren.
- Die restliche Sahne/Obers cremig schlagen und unter die Quark-/Topfenmasse ziehen.

Zubereitung
- Den Blätterteig der Länge nach halbieren. Eine Hälfte mit einer Gabel einstechen, damit der Blätterteig nicht aufgehen kann.
- Die zweite Hälfte ohne Einstechen auf ein Backblech legen und beide Blätterteigstreifen im vorgeheizten Backofen bei 200 °C ca. 10 Minuten backen.
- Die Aprikosenkonfitüre/Marillenmarmelade mit dem Cointreau verrühren und leicht erhitzen. Den aufgegangenen Blätterteig mit der Konfitüre/Marmelade dünn bestreichen.
- Den nicht aufgegangenen Blätterteig in eine Kastenform legen, darauf die Vanille-Quark-/Topfen-Füllung streichen und mit der zweiten Blätterteighälfte abdecken. Im Kühlschrank ca. 3 Stunden kühlen.
- Aus der Form nehmen und mit einem scharfen Sägemesser in Stücke schneiden.

Zubereitungszeit 1 Stunde, Wartezeit 3 Stunden

■ Tipp
Mit Vanilleschoten garnieren.

Zutaten (12 Stück)
250 g Blätterteig
4 EL Aprikosenkonfitüre/ Marillenmarmelade
4 cl Cointreau (Orangenlikör)

Vanille-Quark-/Topfen-Füllung
4 Blatt Gelatine
2 Eigelb/Eidotter
1 Ei
80 g Puder-/Staubzucker
1 Vanilleschote
200 g Quark/Topfen, 20 % F. i. T.
400 ml Schlagsahne/-obers

* Topfen = Quark

Apfel
im Schlafrock

Zutaten (ca. 12 Stück)

Teig
250 g glattes* Mehl
200 g Butter
2 Eigelb/Eidotter
2 EL Sahne/Obers
2 EL Weißwein

Fülle
6 kleine Äpfel
2 EL Kristallzucker
1/2 TL Zimtpulver
2 EL Rosinen

Gewürznelken
Puder-/Staubzucker zum Ganieren
Frischhaltefolie

* glatt = fein gemahlen

Vorbereitung
- Für den Teig alle Zutaten rasch glatt verkneten, zu einer Kugel formen und in Frischhaltefolie im Kühlschrank 2 Stunden rasten lassen.
- Die Äpfel waschen, schälen, vierteln und entkernen. Die Apfelviertel in dünne Spalten schneiden und mit Zucker, Zimt und Rosinen vermischen.

Zubereitung
- Auf einer bemehlten Arbeitsfläche den Teig dünn ausrollen und in ca. 7 x 7 cm große Quadrate schneiden. Auf jedes Quadrat mittig Fülle verteilen und den Teig darüber zusammenfalten. Die überlappenden Ecken mit Gewürznelken feststecken.
- Die Apfeltaschen auf ein mit Backpapier ausgelegtes Backblech setzen und im vorgeheizten Backofen bei 160 °C goldbraun backen.
- Leicht abkühlen lassen und nach Belieben mit Puder-/Staubzucker bestreut servieren.

Zubereitungszeit 45 Minuten, Wartezeit 2 Stunden

Süße Brottort
mit Haselnüssen

Zutaten (14 Portionen)
8 Eier
150 g Zucker
150 g Haselnüsse, gerieben
60 g Paniermehl/Semmelbrösel
je 30 g Orangeat/Aranzini und Zitronat
1 EL Rum

Puder-/Staubzucker zum Bestreuen
Schlagsahne/-obers und Preiselbeerkonfitüre/-marmelade zum Garnieren
Butter und Mehl für die Springform (24 cm Durchmesser)

Vorbereitung
- Den Backofen auf 180 °C vorheizen. 6 Eier trennen.
- 2 Eier mit 6 Eigelb/Dottern und dem Zucker schaumig schlagen. Die Eiweiß/Eiklar zu steifem Schnee schlagen.

- Haselnüsse und Paniermehl/Semmelbrösel in die Eigelb-/Dottermasse geben und Orangeat/Aranzini und Zitronat darin vermischen. Den Rum zugießen und zuletzt vorsichtig den Schnee unterheben.
- Die Tortenspringform mit etwas Butter bepinseln und mit Mehl ausstauben.

Zubereitung
- Die Kuchenmasse in die Springform füllen und im Backofen 45 Minuten backen.
- Danach auskühlen lassen, aus der Form nehmen, überkühlen lassen und anzuckern.
- Zuletzt die Torte mit Schlagsahne-/Obersrosetten und Preiselbeerkonfitüre/-marmelade dekorieren.

Zubereitungszeit 1 Stunde

Himbeerkuchen
mit Kürbiskernöl

Zutaten (8–10 Stück)
4 Eier
200 g Puder-/Staubzucker
1 Pck. Vanillezucker
1 Tasse Kürbiskernöl
1 Prise Zimt
10 g Kürbiskerne
Saft von 1/2 Zitrone
250 g Mehl
1/2 Pck. Backpulver
500 g Himbeeren

Butter und Mehl für das Backblech
Puder-/Staubzucker und Himbeeren zum Garnieren

Vorbereitung
- Eier, Puder-/Staubzucker, Vanillezucker und Kürbiskernöl schaumig rühren. Danach Zimt, Kürbiskerne und Zitronensaft dazugeben.
- Zuletzt das Mehl mit dem Backpulver einsieben und gut verrühren.

Zubereitung
- Den Teig auf ein befettetes, bemehltes Backblech streichen, die Himbeeeren darauf verteilen und im vorgeheizten Backofen bei 160 °C 30 Minuten backen.
- Aus dem Ofen nehmen, auskühlen lassen und in Stücke schneiden. Wenn gewünscht, mit Puder-/Staubzucker bestreuen.

Zubereitungszeit 45 Minuten

Quark*-Apfel-Schnitten

Zutaten (1 Backblech)

Mürbeteig
375 g glattes** Weizenmehl
190 g Butter
130 g Puder-/Staubzucker
1 Ei, 1 Prise Salz
1 TL Vanillezucker
Schale von 1 Orange und 1 Zitrone

Quark-/Topfencreme
250 g Butter
25 g Vanillezucker
2 g Salz
Schale von 1 Zitrone
1 1/4 kg Quark/Topfen, 20 % F. i. T.
4 Eigelb/Dotter
6 Eiweiß/Eiklar
210 g Zucker
130 g Mehl
100 g Rosinen
1 1/2 kg Äpfel
30 g Mandeln, gerieben

1 Backblech mit Rand
Frischhaltefolie

* Quark = Topfen
** glatt = fein gemahlen

Vorbereitung

- Den Backofen auf 180 °C vorheizen. Alle Zutaten für den Mürbeteig auf eine glatte Arbeitsfläche geben und mit beiden Händen rasch zu einem geschmeidigen Teig verarbeiten. Anschließend den Teig 1/2 Stunde im Kühlschrank, mit Frischhaltefolie bedeckt, rasten lassen.
- Danach den Teig dünn ausrollen, auf das Backblech geben und mit einer Gabel mehrmals einstechen. Danach im Backofen ca. 15 Minuten blind backen (ohne Belag backen) und anschließend auskühlen lassen.
- Für die Quark-/Topfencreme die Butter, Vanillezucker, Salz, Zitronenschale, Quark/Topfen und Eigelb/Dotter in eine Schüssel geben und mit dem Handmixer aufschlagen. Die Rosinen beifügen.
- Die Äpfel waschen, schälen und die Kerngehäuse entfernen. Die Äpfel in kleine Würfel schneiden und in die Quark-/Topfenmasse geben.

Zubereitung

- Das Eiweiß/Eiklar mit dem Zucker steif aufschlagen. Den Eischnee unter die Quark-/Topfenmasse heben und das Mehl vorsichtig darübersieben. Danach alles gut vermischen.
- Mit Hilfe einer Alufolie einen Rand um den gebackenen Mürbeteig bilden. Die Quark-Apfel-Masse auf dem Mürbeteig glatt verstreichen (Bild).
- Mit den geriebenen Mandeln bestreuen und im Backofen bei 170 °C 30 Minuten backen.
- Anschließend herausnehmen und auskühlen lassen. Die Alufolie vorsichtig entfernen, danach den Kuchen in Schnitten schneiden und servieren.

Zubereitungszeit 1 Stunde, Wartezeit 1/2 Stunde

1

2

Pflaumen-/Zwetschkenroulade

Vorbereitung
- Den Backofen auf 180 °C vorheizen. Für die Roulade die Eier und die Eigelb/Dotter mit dem Zucker über einem Wasserbad warm aufschlagen. Die Zitronenschale beifügen und danach kalt schlagen.
- Das Mehl mit der Stärke vermischen und unterheben. Anschließend das Öl langsam einarbeiten.
- Die Masse gleichmäßig auf ein Backpapier streichen und auf einem Backblech hellbraun (10 Minuten) backen. Danach aus dem Backofen nehmen, mit Backpapier abdecken, umdrehen und das untere Backpapier ablösen. Noch heiß – mitsamt dem Backpapier – einrollen und die Rolle auskühlen lassen.

Zubereitung
- Die Pflaumen/Zwetschken halbieren und mit dem Gelierzucker in eine Kasserolle geben (Bild 1). Gewürze und Rum zugeben und bei schwacher Hitze ca. 10 Minuten langsam köcheln lassen. Danach die Gewürznelken entfernen, 1/3 der Pflaumen-/Zwetschkenhälften herausnehmen und beiseite stellen. Die restlichen Pflaumen/Zwetschken mit dem Stabmixer fein pürieren und kalt stellen.
- Die Teigrolle aus dem Papier rollen und gleichmäßig mit dem Pflaumen-/Zwetschkenmark bestreichen. Die Pflaumen-/Zwetschkenhälften darauf verteilen (Bild 2) und anschließend eine Roulade formen.
- Die Roulade ca. 2 Stunden in den Kühlschrank stellen. Danach in 12 Stücke schneiden und mit Puder-/Staubzucker bestreuen.

Zubereitungszeit 1 Stunde

Zutaten (12 Stück)
5 Eier
2 Eigelb/Dotter
150 g Zucker
Schale von 1 Zitrone, gerieben
150 g Mehl
30 g Stärkemehl
90 g Öl

Fülle
1/2 kg Pflaumen/Zwetschken, entkernt
1/2 kg Gelierzucker
1 MS Zimt
2 cl Rum
5 Gewürznelken

Backpapier für das Backblech
Puder-/Staubzucker zum Bestreuen

Quark-/Topfenpastete

Zutaten (6 Portionen)
600 g Blätterteig (TK-Ware)
250 g Quark/Topfen
2 EL Crème fraîche
3 Eier
100 g Zucker
etwas Zitronen- und Orangenschale
1 TL weißer Rum
4 EL Preiselbeeren

1 Ei zum Bestreichen
1 Obstkuchenform (26 cm Durchmesser)
Butter für die Form

Vorbereitung

- Den Blätterteig laut Packungsanleitung antauen lassen. Die Obstkuchenform leicht mit Butter befetten.
- 400 g Blätterteig rund ausrollen und die Obstkuchenform damit auslegen. Den Teigrand leicht andrücken und über den Rand der Form stehen lassen. Danach den Teigboden mit einer Gabel einstechen.
- 200 g Blätterteig für den Deckel der Pastete ausrollen und mit einer zweiten Obstkuchenform rund ausstechen. Den Backofen auf 220 °C vorheizen.

Zubereitung

- In einer Schüssel Quark/Topfen, Crème fraîche, Eier und Zucker gut verrühren. Zitronen-, Orangenschale und Rum zugeben, die Masse in die Form füllen und die Preiselbeeren darauf verteilen.
- Den Blätterteigrand nach innen einschlagen, leicht mit Ei bestreichen und den Deckel daraufsetzen. Den Deckel mit Ei bestreichen und mit einem scharfen Messer ein Muster einschneiden.
- Die Pastete im vorgeheizten Backofen 10 Minuten anbacken, anschließend bei 180 °C ca. 40 Minuten weiterbacken.
- Danach aus dem Backofen nehmen, abkühlen lassen und erst dann vorsichtig aus der Form heben.

Zubereitungszeit 1 Stunde

Quark-/Topfenpotitze*

Vorbereitung
- Das Mehl in eine Schüssel sieben und eine kleine Mulde bilden. Die Milch leicht erwärmen, die Hefe/Germ darin auflösen, in die Mulde gießen und ein Dampfl anrühren. 5 Minuten stehen lassen, danach alle Zutaten zugeben und zu einem glatten Teig verarbeiten. Den Teig zugedeckt an einem warmen Ort auf die doppelte Größe aufgehen lassen.
- Den Quark/Topfen mit Puder-/Staubzucker und Zitronensaft glatt rühren. Vanillezucker und Eier zugeben, gut durchrühren und beiseite stellen.
- Die Kastenform mit Butter auspinseln und mit Mehl ausstauben. Den Backofen auf 160 °C vorheizen.

Zubereitung
- Den Teig gut durchschlagen, auf einer bemehlten Arbeitsfläche zu einem Rechteck ausrollen und mit der Quark-/Topfenfülle bestreichen. Von beiden Seiten (der Länge nach) zur Mitte hin einrollen und in die Kastenform legen.
- Nochmals auf die doppelte Größe aufgehen lassen, danach 40 Minuten backen.
- Anschließend herausnehmen, kurz überkühlen lassen, stürzen und wieder umdrehen. Mit Puder-/Staubzucker bestreut servieren.

Zubereitungszeit 1 1/2 Stunden

Zutaten (4 Portionen)
265 g glattes** Mehl
1/2 Pck. Hefe/Germ
200 ml Milch
50 g Butter
40 g Zucker
2 Eigelb/Dotter
1 TL Safranfäden
Schale von 1/2 Zitrone
1 Prise Salz
2 cl Rum

Fülle
250 g Magerquark/-topfen
200 g Puder-/Staubzucker
Saft von 1/2 Zitrone
1 Pck. Vanillezucker
2 Eiweiß/Eiklar
1 Eigelb/Dotter

Butter und Mehl für die Kastenform
Puder-/Staubzucker zum Bestreuen

* Potitze = gerollte Mehlspeise aus Hefe-/Germteig mit einer Fülle
** glatt = fein gemahlen

Ulmer Kuchen

Zutaten (12 Stück)
200 g Puder-/Staubzucker
8 Eigelb/Dotter
6 Eiweiß/Eiklar
100 g Butter
1 Pck. Vanillezucker
Schale von 1/2 Zitrone, gerieben
80 g Rosinen
120 g glattes* Mehl
60 g Speisestärke

Fett und Mehl für die Form
Puder-/Staubzucker zum Bestreuen
1 Ulmer Form**, 2 l Inhalt

* glatt = fein gemahlen
** Ulmer Form = halbkugelige Form

Vorbereitung

- Das Mehl mit der Speisestärke versieben. Die Eigelb/Dotter mit der halben Menge des gesiebten Zuckers und dem Vanillezucker sehr schaumig rühren.
- Die Eiweiß/Eiklar mit dem restlichen Zucker zu steifem Schnee schlagen und einen kleinen Teil davon unter die Eigelb-/Dottermasse rühren.
- Die Butter zerlassen und zusammen mit dem restlichen Schnee, dem Mehl-Stärke-Gemisch, der Zitronenschale und den Rosinen vorsichtig unterheben.

Zubereitung

- Den Backofen auf 180 °C vorheizen. Eine Ulmer Form gut ausfetten und mit Mehl bestauben.
- Die Masse einfüllen und an der Oberfläche glatt verstreichen. Im vorgeheizten Backofen ca. 45 Minuten lang backen (Nadelprobe machen!).
- Den Kuchen sofort nach dem Backen auf ein Kuchengitter stürzen. Ausgiebig mit Puder-/Staubzucker übersieben und erst nach dem völligen Erkalten in Portionen aufschneiden.

Zubereitungszeit 1 Stunde

Aprikosen*-

Zutaten (1 Blech = ca. 20 Stück)

Kuchen
800 g Aprikosen/Marillen
60 g zartbittere Kuvertüre
270 g Butter
270 g Puder-/Staubzucker
4 Eier
120 g Mehl, Type 480
270 g Mandeln, gerieben
3 EL Aprikosen-/Marillenbrand

Streusel
120 g glattes** Mehl
je 100 g Kristallzucker und Butter
etwas Salz und Zitronenschale, fein gerieben

etwas Öl und Mehl für das Backblech

* Aprikosen = Marillen
** glatt = fein gemahlen

Vorbereitung

- Für den Streusel alle Zutaten auf einer Arbeitsfläche mit den Händen rasch zu einem Teig verkneten, zu einer Stange formen und kalt stellen.

treuselkuchen

- Für den Kuchen Kuvertüre im Wasserbad schmelzen, dann mit der Butter und dem Puder-/Staubzucker schaumig rühren. Die Eier nach und nach einrühren.
- Das Mehl einsieben, die Mandeln und den Aprikosen-/Marillenbrand dazugeben und gut vermischen.

Zubereitung
- Masse auf ein geöltes und gestaubtes Blech mit Rand streichen und im vorgeheizten Backofen bei 180 °C 10 Minuten backen. Danach den Kuchen mit Backpapier bedecken und für weitere 10 Minuten in den Backofen geben.
- Die Aprikosen/Marillen waschen, entkernen, halbieren oder vierteln und auf dem Kuchen verteilen.
- Die Streuselmasse mit einer groben Raspel darüberreiben und den Kuchen nochmals ca. 15 Minuten bei 160 °C fertig backen.

Zubereitungszeit 70 Minuten

Apfelkranz

Zutaten (ca. 12 Stück)

Hefe-/Germteig
500 g glattes* Weizenmehl
120 g Milch
4 g Hefe/Germ
125 g Butter
125 g Puder-/Staubzucker
1 Eigelb/Eidotter
5 g Salz

Quark-/Topfenfülle
250 g Quark/Topfen, 20 % F. i. Tr.
50 g Puder-/Staubzucker
1 Eigelb/Eidotter
1 EL Maisstärke
1 Pck. Vanillezucker
Saft und Schale von 1 Zitrone, unbehandelt

Apfelfülle
700 g Äpfel, geschält und fein geschnitten
75 g Kristallzucker
75 g Rosinen
50 g Haselnüsse, gerieben

1 Eigelb/Eidotter zum Bestreichen
Mandelstifte zum Bestreuen

* glatt = fein gemahlen

Vorbereitung
- Für den Hefe-/Germteig alle Zutaten direkt vermischen und geschmeidig kneten. Anschließend den Teig 20 Minuten rasten lassen.
- Während dieser Zeit für die Füllen in zwei geeigneten Schüsseln jeweils die Zutaten vermischen und abschmecken.

Zubereitung
- Auf einer bemehlten Arbeitsfläche den Hefe-/Germteig nicht zu dünn ausrollen.
- Den Teig mit der Quark-/Topfenmasse bestreichen und dann die Apfelmasse darauf verteilen. Teig von der Längsseite aufrollen und zu einem Kranz formen.
- Ein Backblech mit Backpapier auslegen, Apfelkranz daraufgeben und 15 Minuten an einem warmen Ort gehen lassen.
- Mit Eigelb/Eidotter bestreichen, Mandeln daraufstreuen und im vorgeheizten Backofen bei 170 °C 40 Minuten backen.

Zubereitungszeit 1 Stunde, Wartezeit 15 Minuten

1

2

Frankfurter Kranz

mit Krokant

Zutaten (12 Portionen)
4 Eier
1 Eigelb/Dotter
120 g Zucker
1 Prise Salz
90 g Mehl
50 g Maisstärke
70 g flüssige Butter

Creme
1/2 l Milch
350 g Butter
140 g Zucker
40 g Maisstärke
3 Eigelb/Dotter
Mark von 1 Vanilleschote
30 g Puder-/Staubzucker
1 kleiner, starker Mokka
4 cl Kirschwasser
4 cl Läuterzucker

Krokant
150 g Zucker
150 g Mandeln, geröstet und gehackt

Öl zum Ausrollen
1 Kranzform, 22 cm Durchmesser
Butter und Paniermehl/Brösel für die Form

Vorbereitung

- Eine Kranzform mit Butter ausstreichen und mit Paniermehl/Bröseln ausstreuen. Den Backofen auf 170 °C vorheizen.
- Für den Teig Eier, Eigelb/Dotter, Zucker und Salz schaumig rühren. Mehl und Maisstärke vermischen und mit flüssiger Butter langsam in die Eier-Zucker-Masse rühren.
- Die Masse in die Kranzform füllen (Bild 1) und im Backofen 45 Minuten backen. Danach auskühlen lassen.

Zubereitung

- Für die Creme Milch, Butter und Zucker aufkochen lassen. Maisstärke und Eigelb/Dotter glatt rühren. Das Vanillemark in die Milch geben. Die Milch von der Kochstelle nehmen und das Maisstärke-Eigelb-Gemisch rasch einrühren, danach kalt stellen.
- Puder-/Staubzucker, Mokka, Läuterzucker und Kirschwasser gut vermengen und in die Creme rühren.
- Für den Krokant Zucker in einer Pfanne schmelzen lassen und die Mandeln unterrühren. Die Masse rasch auf ein geöltes Brett streichen (Bild 2) und erkalten lassen.
- Den Kranz dreimal durchschneiden, die Ringe mit 2/3 der Creme bestreichen und zusammensetzen. Den Kranz mit der restlichen Creme rundum einstreichen und die Creme kurz fest werden lassen.
- Mit einem Nudelholz/-walker über den Krokant rollen, damit er fein zerbröselt und zuletzt den Kranz mit dem Krokant bestreuen.

Zubereitungszeit 2 Stunden

Pflaumen-Blätterteigkuchen

mit Trestersabayon*

Vorbereitung

- Die Tortenform mit dem Blätterteig auslegen und den Teig bis zur halben Höhe des Randes hochziehen.
- Für den Überguss die Speisestärke mit den Eigelb/Eidottern, der Sahne/dem Obers und der Milch gut verrühren. Die zerlassene Butter hinzufügen, das Vanilleschotenmark zugeben und zuletzt den Rum, den Zucker und die Mandeln dazugeben und alles glatt verrühren.
- Den Backofen auf 180 °C vorheizen.

Zubereitung

- Die Pflaumenspalten kreisförmig auf den Blätterteig schichten und mit dem Überguss übergießen, danach den Kuchen im Backofen 45 Minuten backen.
- Für die Sabayon alle Zutaten in einem Schneekessel über Dampf so lange aufschlagen, bis sich das Volumen nicht mehr vergrößert. Danach kalt schlagen.
- Den Pflaumen-Blätterteigkuchen aus dem Backofen nehmen, vorsichtig aus der Form lösen, in Portionen schneiden und noch warm mit der Sabayon servieren.

Zubereitungszeit 65 Stunden

Zutaten (8 Portionen)

300 g Blätterteig (TK-Ware)

Überguss
25 g Speisestärke
2 Eigelb/Eidotter
50 g Sahne/Obers
50 g Milch
45 g Butter
Mark von 1 Vanilleschote
1 EL Rum
45 g Feinkristallzucker
45 g Mandeln, fein gerieben

250 g Pflaumenspalten

Trestersabayon
1/8 l Muskateller
3 cl Tresterbrand (Grappa)
30 g Feinkristallzucker
3 Eigelb/Dotter

Tortenform, 24 cm Durchmesser

* Sabayon = Weinschaumcreme, bei der zuerst Eigelb/Dotter und Zucker schaumig geschlagen wurden

1

2

Punschkuppel

Zutaten (1 Ulmer Form*)

Dunkler Biskuitteig
75 g Butter
65 g Mehl
50 g Puder-/Staubzucker
3 Eier
60 g Zucker
10 g Kakaopulver
50 g Bitterschokolade

Heller Biskuitteig
Zutaten wie bei dunklem Biskuitteig, aber ohne Kakaopulver und Bitterschokolade

Punschmasse
100 g Preiselbeeren
150 g Haselnüsse, gerieben
250 ml Sahne/Obers
6 cl Rum
100 g Schokoladeraspeln
50 g Rosinen
Saft von 2 Orangen
Schale von 1 Orange
Saft und Schale von 1/2 Zitrone

Glasur
4 EL Aprikosenkonfitüre/Marillenmarmelade
2 EL Wasser
1 EL Rum
rosa Tortenglasur

Frischhaltefolie

* Ulmer Form = eine halbkugelige Form

Vorbereitung

- Den Backofen auf 190 °C vorheizen. Für den dunklen Biskuitteig ein Backblech mit Backpapier auslegen.
- Die Eier trennen, Eiweiß/Eiklar und Zucker zu steifem Schnee schlagen. Die Butter erweichen, mit Puder-/Staubzucker und Eigelb/Dottern schaumig rühren und den Schnee unterheben. Mehl und Kakaopulver gut vermischen und vorsichtig unter die Masse heben. Zuletzt die Bitterschokolade fein reiben und zugeben.
- Die Masse gleichmäßig auf das Backpapier streichen und anschließend im Backofen 5–6 Minuten backen. Danach herausnehmen, wenden und auskühlen lassen.
- Den hellen Biskuitteig ebenso bereiten.
- Aus dem dunklen Biskuitfleck mit der Ulmer Form einen Boden ausstechen und beiseite legen. Den restlichen Teig und den hellen Biskuit fein zerkrümeln/-bröseln und mit den übrigen Zutaten gut vermischen.

Zubereitung

- Die Ulmer Form mit Frischhaltefolie auslegen. Die Masse einfüllen (Bild 1) und mit dem Boden aus dunklem Biskuit abschließen. Über Nacht in den Kühlschrank stellen und danach die Punschkuppel stürzen.
- Die Aprikosenkonfitüre/Marillenmarmelade mit Wasser und Rum erhitzen und die Kuppel mit Hilfe eines Pinsels damit einstreichen (Bild 2). Danach wieder kalt stellen.
- Die Glasur lippenwarm erwärmen und damit die Kuppel glasieren. Die Punschkuppel vor dem Aufschneiden auskühlen lassen.

Zubereitungszeit 1 Stunde, am Vortag bereiten

Bienenstich

Zutaten (1 Backblech, 60 x 40 cm)

Hefe-/Germteig
250 g Mehl
15 g Hefe/Germ
100 g Milch
50 g Butter
40 g Zucker
1 Prise Salz
Schale von 1/2 Zitrone, gerieben
1 Pck. Vanillezucker

Mandeldecke
150 g Butter
200 g Honig
3 EL Sahne/Obers
150 g Mandelblättchen

Öl und Mehl für das Backblech

Vorbereitung

- Aus Mehl, Hefe/Germ, Milch, Butter, Zucker, Salz, Zitronenschale und Vanillezucker einen Teig kneten und den Hefe-/Germteig an einem warmen Ort um sein halbes Volumen aufgehen lassen.
- Für die Mandeldecke die Butter mit dem Honig erhitzen, die Sahne/das Obers und die Mandelblättchen zugeben und einmal aufkochen lassen. Danach die Masse auskühlen lassen.
- Ein Backblech mit Öl bestreichen und mit Mehl bestauben. Den Backofen auf 180 °C vorheizen.

Zubereitung

- Den Hefe-/Germteig auf einer bemehlten Arbeitsfläche in der Größe des Backbleches ausrollen und auf das Backblech legen. Danach die Mandelmasse auf dem Teig verteilen. Anschließend den Kuchen nochmals gehen lassen und dann im vorgeheizten Backofen 30 Minuten backen.
- Etwas auskühlen lassen und erst dann in Portionen teilen.

Zubereitungszeit 1 Stunde

■ Tipp

Das Backblech sollte einen etwas höheren Rand haben, damit die Mandelmasse nicht in den Backofen tropft.

1

2

Möhren-/Karottentorte mit Haselnüssen

Vorbereitung

- Den Tortenreifen so mit Backpapier einschlagen, dass ein Boden entsteht, und danach auf ein Backblech setzen.
- Die Möhren/Karotten schälen und fein reiben (Bild 1) und anschließend mit den Händen gut ausdrücken (die Möhren/Karotten sollen sehr trocken sein).
- Die Eier in Eiweiß/Klar und Eigelb/Dotter trennen. Den Backofen auf 180 °C vorheizen.

Zubereitung

- Den Puder-/Staubzucker mit 8 Eigelb/Dottern schaumig schlagen. 4 Eiweiß/Eiklar zu steifem Schnee schlagen und den Schnee unter die Eigelb/Dotter heben. Das Mehl mit Vanillezucker und Backpulver vermischen und mit den Haselnüssen beimengen.
- Die Möhren/Karotten zur Kuchenmasse geben (Bild 2) und vorsichtig unterheben. Zuletzt den Rum zugießen und gut vermischen.
- Die Tortenmasse in den Tortenreifen füllen und im vorgeheizten Backofen 1 Stunde backen. Anschließend gut auskühlen lassen.
- Das Backpapier vom Tortenreifen entfernen. Die Torte aus dem Reifen schneiden und mit Puder-/Staubzucker bestreuen. Danach in 12 oder 14 gleich große Stücke teilen.
- Als Garnitur einige Babymöhren/-karotten mit etwas Zucker nicht zu weich kochen und damit die Torte verzieren.

Zubereitungszeit 1 1/2 Stunden

■ Tipp

Anstelle von Babymöhren/-karotten kann man die Torte auch mit Marzipanmöhrchen/-karotten garnieren.

Zutaten (12–14 Stück)

300 g Möhren/Karotten
200 g Haselnüsse, gerieben
100 g Mehl
300 g Puder-/Staubzucker
4 Eier
4 Eigelb/Dotter
10 g Backpulver
etwas Vanillezucker
etwas Rum

Puder-/Staubzucker zum Bestreuen
Babymöhren/-karotten zum Garnieren
Tortenreifen oder Springform (26 cm Durchmesser)
Backpapier

Mandelstrudel

Zutaten (12 Stück)
80 g Butter
120 g Puder-/Staubzucker
Schale von 1/2 Zitrone, gerieben
3 Eier
3 Eigelb/Dotter
100 g Rosinen
1 großes Schnapsglas Rum
150 g Mandeln, ungeschält und gerieben
90 g Biskuitkrümel oder Paniermehl/Semmelbrösel
1/2 Pck. Vanillezucker
4 EL Saure Sahne/Sauerrahm
330 g Blätterteig

Eigelb/Dotter zum Bestreichen
Backpapier für das Backblech

Vorbereitung

- Den Blätterteig antauen lassen. Die Butter auf Handwärme bringen und mit dem gesiebten Puder-/Staubzucker und der Zitronenschale schaumig rühren. Nach und nach die Eigelb/Dotter und die ganzen Eier einrühren und wieder schaumig rühren.
- Die Rosinen mit Rum beträufeln und Mandeln, Rosinen, Biskuitkrümel oder Paniermehl/Semmelbrösel und Vanillezucker (Bild 1) unter den Eigelb/Dotterabtrieb ziehen. Zuletzt die Saure Sahne/den Sauerrahm untermengen.

Zubereitung

- Den Backofen auf 210 °C vorheizen. Den Blätterteig auf einer bemehlten Arbeitsfläche etwa 4 mm dünn ausrollen, die Fülle auf zwei Drittel des Teiges streichen (Bild 2) und die Teigränder mit versprudeltem Eigelb/Dotter bepinseln.
- Den Teig von der bestrichenen Seite her zu einem Strudel einrollen und diesen mit dem Teigschluss nach unten auf ein mit Papier ausgelegtes Backblech legen. Mit einer Gabel mehrmals einstechen und mit versprudeltem Eigelb/Dotter bestreichen. Den Eigelb-/Dotteranstrich etwas abtrocknen lassen und dann mit einer Gabel ein Muster auf die Oberfläche zeichnen.
- Den Strudel im vorgeheizten Backofen etwa 20 Minuten lang anbacken, danach die Hitze auf 190 °C reduzieren und etwa 1/2 Stunde fertig backen (falls die Strudeloberfläche während des Backens zu dunkel wird, den Strudel mit Backpapier oder Alufolie abdecken).
- Danach den Strudel auf dem Blech überkühlen lassen. Sodann vom Papier lösen und auf einem Kuchengitter vollständig erkalten lassen.

Zubereitungszeit 1 Stunde

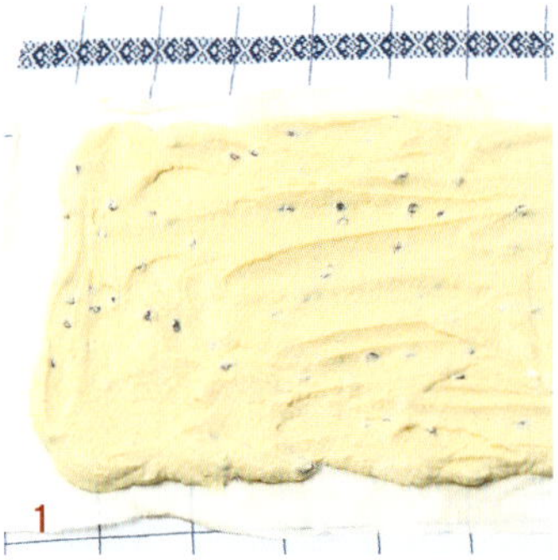

1

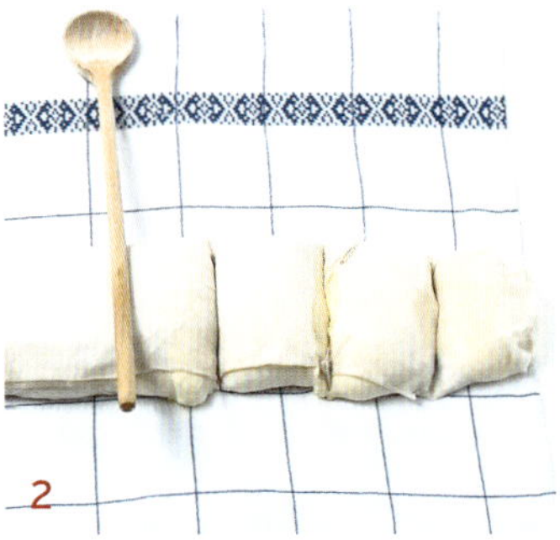

2

Gekochter Grießstrudel

Zutaten (6 Portionen)
1 Pck. Strudelteig (TK-Ware)
3 kleine Eier
75 g Butter
100 g Grieß
25 g Rosinen
1/8 l Sahne/Obers
1 Prise Salz
20 g Zucker

Butter zum Übergießen
Pflaumen-/Zwetschkenkompott

Vorbereitung
- Die Strudelteigblätter (doppelt) auf einem feuchten Tuch ausbreiten und mit einem feuchten Tuch abdecken.
- Die Eier trennen. Aus der Butter und den Eigelb/Dottern einen Abtrieb machen. Die Sahne/das Obers halbsteif schlagen.
- Zuerst den Grieß unter den Butterabtrieb mischen, dann die Rosinen zugeben und zuletzt die Sahne/das Obers einrühren.
- Eiweiß/Eiklar, Salz und Zucker zu steifem Schnee schlagen und unterheben.

Zubereitung
- Die Grießmasse gleichmäßig auf die Strudelteigblätter streichen (Bild 1) und mit Hilfe des unteren Tuches zu einem Strudel einrollen.
- In einer breiten Kasserolle Salzwasser zum Kochen bringen. Den Strudel mit Hilfe eines Kochlöffels in Portionen teilen (Bild 2), danach in das kochende Wasser einlegen, leicht köcheln lassen und zugedeckt ca. 12–14 Minuten ziehen lassen.
- Die Butter zerlassen und langsam durch ein feines Sieb gießen (klären), danach warm stellen.
- Den Strudel vorsichtig aus dem Wasser heben, gut abtropfen lassen und auf eine vorgewärmte Platte legen. Mit der geklärten Butter übergießen und mit Pflaumen-/Zwetschkenkompott servieren.

Zubereitungszeit 1 Stunde

Milchrahmstrudel

Vorbereitung

- Den Quark/Topfen mit 2 Eigelb/Dottern, 100 g Zucker, Zitronensaft und -zesten und Rosinen mit einem Schneebesen gut verrühren.
- Das Strudelteigblatt auf einem feuchten Tuch auflegen und die Quark-/Topfenfülle gleichmäßig darauf verteilen. Danach einen Strudel formen und den Strudel in eine befettete Auflaufform legen.
- Den Backofen auf 180 °C vorheizen.

Zubereitung

- Sahne/Obers, Milch und 2 Eigelb/Dotter mit dem restlichen Zucker, dem Vanillezucker und dem Kirschschnaps erwärmen, aber nicht kochen und damit den Strudel übergießen.
- Den Milchrahmstrudel im vorgeheizten Backofen ca. 25–30 Minuten backen. Anschließend in Portionen teilen, auf geeigneten Tellern anrichten und die restliche Sauce darübergießen.

Zubereitungszeit 1 Stunde

Zutaten (6 Portionen)

1 Strudelblatt, 40 x 60 cm (TK-Ware)
250 g Quark/Topfen
4 Eigelb/Dotter
150 g Kristallzucker
1 EL Rosinen, eingeweicht
Saft und Zesten* von 1/2 Zitrone
1/2 l Sahne/Obers
1/4 l Milch
1 TL Vanillezucker
4 cl Kirschschnaps

Butter für die Auflaufform

* Zesten = hauchdünne Streifen aus der äußersten Schichte von Zitrusfrüchten

Haferflockenkuchen

Zutaten (12 Stück)
400 g Haferflocken
120 g Butter
100 g Puder-/Staubzucker
3 Eier
2 Eigelb/Dotter
1 Prise Salz
1 Pck. Vanillezucker
1/2 Pck. Backpulver
80 g Rosinen
etwas glattes* Mehl
ca. 1/4 l Milch
Schale von 1 Zitrone, gerieben

Butter und Paniermehl/Brösel für die Form
Puder-/Staubzucker zum Bestreuen

* glatt = fein gemahlen

Vorbereitung
- Die Eier trennen. Eine Kastenform mit Butter ausstreichen und mit Paniermehl/Bröseln ausstreuen. Rosinen verlesen und mit Mehl vermengen. Haferflocken mit Backpulver vermischen.
- Butter auf Handwärme bringen und mit der halben Menge des Puder-/Staubzuckers sehr schaumig rühren.
- Nach und nach die 5 Eigelb/Dotter, Salz und Vanillezucker beifügen und wieder schaumig rühren. Den Backofen auf 180 °C vorheizen.

Zubereitung
- Die Eiweiß/Eiklar mit dem restlichen Zucker zu steifem Schnee schlagen. Die Haferflocken mit lauwarmer Milch in den Butterabtrieb einrühren und zusammen mit Rosinen und Zitronenschale unter den Schnee heben.
- Die Masse in die Form füllen und an der Oberfläche glatt verstreichen. Im Backofen etwa 70 Minuten lang backen (Nadelprobe machen!).
- Den Kuchen aus der Form lösen und erkalten lassen. Nach einer Ruhezeit von 2 Stunden ausgiebig mit Puder-/Staubzucker übersieben und portionieren.

Zubereitungszeit 1 1/2 Stunden, Wartezeit 2 Stunden

Buchweizenroulade

Vorbereitung

- Die Eier trennen. Eigelb/Dotter mit 4 EL heißem Wasser, Salz und einem Drittel des Zuckers sehr schaumig rühren.
- Die Eiweiß/Eiklar mit dem restlichen Zucker zu sehr steifem Schnee schlagen und unter die Eigelb/Dottermasse heben.
- Zuletzt das gesiebte Mehl und die geriebene Schokolade einrühren. Ein Backblech mit Backpapier auslegen.

Zubereitung

- Den Backofen auf 200 °C vorheizen. Die Masse gleichmäßig auf das Papier streichen (Bild 1) und im vorgeheizten Backofen etwa 15 Minuten lang backen.
- Am Anfang den Ofen einen Spalt geöffnet lassen, damit der Dampf entweichen kann, danach den gebackenen Kuchenboden auf ein mit Puder-/Staubzucker bestreutes Backpapier stürzen und das mitgebackene Papier abziehen. Den Kuchenboden einrollen und erkalten lassen.
- Die Konfitüre/Marmelade mit Zitronensaft und Rum einmal aufkochen lassen. Die Roulade aufrollen und mit der Konfitüre/Marmelade bestreichen (Bild 2). Mit Hilfe des Papiers wieder einrollen, in das Papier einschlagen und mindestens 1 Stunde ruhen lassen.
- Danach das Papier entfernen und zuletzt die Roulade mit Puder-/Staubzucker bestreuen und portionieren.

Zubereitungszeit 40 Minuten, Wartezeit 1 Stunde

Zutaten (12 Stück)

5 Eier
4 EL Wasser
1 Prise Salz
140 g Feinkristallzucker
100 g Buchweizenmehl (Heidenmehl)
80 g Haushalts-/Kochschokolade, gerieben
100 g Johannisbeerkonfitüre/Ribiselmarmelade
Saft von 1/2 Zitrone
1 kleines Schnapsglas Rum

Backpapier für das Blech
Puder-/Staubzucker zum Bestreuen

1

2

Schokoladepastete
aus Plunderteig

Zutaten (12 Stück)
3/4 kg Plunderteig (TK-Ware)
90 g Butter
80 g Kristallzucker
80 g Haushalts-/Kochschokolade
50 g Biskuitkrümel/-brösel
60 g Walnüsse, gerieben
3 Eier
1 Pck. Vanillezucker
2 Weißbrötchen/Semmeln
etwas Milch

Ei zum Bestreichen
Puder-/Staubzucker zum Bestreuen

Tortenform
(24 cm Durchmesser)

Vorbereitung
- Den Plunderteig laut Packungsvorschrift antauen lassen, auf einer leicht bemehlten Arbeitsfläche etwas ausrollen und mit der Hälfte des Teiges Boden und Rand einer Tortenform (24 cm Durchmesser) auskleiden. Mit einer Gabel den Teigboden mehrmals einstechen.
- Aus der zweiten Teighälfte einen Boden in der Größe der Form ausschneiden (Bild 1).
- Den Backofen auf 180 °C vorheizen. Die Weißbrötchen/Semmeln in Milch einweichen.

Zubereitung
- Haushalts-/Kochschokolade über Dunst erweichen. Die eingeweichten Weißbrötchen/Semmeln gut ausdrücken und anschließend fein passieren.
- Die Eier trennen. Die Butter mit dem Vanillezucker sehr schaumig rühren und nach und nach die Eigelb/Dotter sowie die Schokolade einmengen und wieder schaumig rühren.
- Die Eiweiß/Eiklar mit Zucker zu steifem Schnee schlagen und zusammen mit den Biskuitkrümeln/-bröseln, den Nüssen und den passierten Weißbrötchen/Semmeln unter den Butterabtrieb heben.
- Den Teigrand in der Form mit versprudeltem Ei bestreichen. Die Schokolademasse in die ausgekleidete Form füllen (Bild 2) und mit dem Teigboden abdecken. Die Teigränder miteinander verbinden und die Oberfläche ebenfalls mit versprudeltem Ei bestreichen.
- Den Plunderteig etwas aufgehen lassen und danach im vorgeheizten Backofen etwa 40 Minuten lang backen.
- Erst nach dem völligen Erkalten aus der Form lösen, mit etwas Puder-/Staubzucker übersieben und portionieren.

Zubereitungszeit 1 1/4 Stunden

1

2

Kardinalschnitten

Zutaten (8 Schnitten)
3 Eiweiß/Eiklar
100 g Kristallzucker
10 g Speisestärke
50 g Puder-/Staubzucker
1 Ei
2 Eigelb/Dotter
40 g glattes* Mehl

Kaffeecreme
10 cl Mokkakaffee
400 ml Sahne/Obers
4 Blatt Gelatine
40 g Puder-/Staubzucker

Puder-/Staubzucker zum Bestreuen
Papier für das Backblech

* glatt = fein gemahlen

Vorbereitung

- Ein Backblech mit Papier auslegen. Den Backofen auf 160 °C vorheizen.
- Die Eiweiß/Eiklar und den Kristallzucker zu sehr festem Schnee schlagen. Die Speisestärke langsam einsieben und unterheben.
- Den Schnee in einen Dressiersack mit Lochtülle füllen und für zwei Böden je vier Stränge in der Länge des Bleches auf das Backpapier dressieren (spritzen) – dabei immer einen Zwischenraum für die Eigelb-/Dottermasse lassen.
- Den Puder-/Staubzucker, das Ei und die Eigelb/Dotter schaumig schlagen. Danach das Mehl vorsichtig unterheben, die Masse in einen Dressiersack mit Lochtülle füllen und zwischen die Schneestränge dressieren (Bild 1).
- Danach im Backofen 30 Minuten backen – dabei den Backofen einen Spalt offen lassen. Anschließend die Böden herausnehmen, kurz auskühlen lassen, wenden und vorsichtig das Papier abziehen.

Zubereitung

- Für die Kaffeecreme die Gelatine in kaltem Wasser einweichen. Die Sahne/das Obers steif schlagen, Puder-/Staubzucker und Mokkakaffee zugeben und gut vermischen.
- Die Gelatine ausdrücken, im Wasserbad auflösen und unter die Kaffeecreme mischen. Die Creme etwas anziehen lassen.
- Einen Boden (mit der Unterseite nach oben) mit der Kaffeecreme bestreichen (Bild 2) und den zweiten Boden darauflegen. Danach die Schnitte im Kühlschrank fest werden lassen.
- Vor dem Servieren in gewünschte Portionen teilen und leicht mit Puder-/Staubzucker bestreuen.

Zubereitungszeit 2 Stunden

1

2

Gerührter Hefe-/Germgugelhupf

Zutaten (12 Stück)
450 g glattes* Mehl
200 g Butter
50 g Hefe/Germ
3/16 l Milch
150 g Rosinen
1 EL Rum
150 g Kristallzucker
1 Ei
6 Eigelb/Dotter
1 Päckchen Vanillezucker
Schale von 1 Zitrone, gerieben
1 Prise Salz

Butter und Mehl für die Form
Puder-/Staubzucker zum Bestreuen

* glatt = fein gemahlen

Vorbereitung

- Das Mehl in eine Schüssel geben. Die Butter erwärmen. Die Hefe/Germ in lauwarmer Milch auflösen. Die Rosinen mit dem Rum marinieren.
- Alle Zutaten zum Mehl in die Schüssel geben und mit einem Knethaken zu einem weichen Teig verrühren.
- Den Backofen auf 180 °C vorheizen.

Zubereitung

- Eine Gugelhupfform mit Butter und mit Mehl ausstauben. Den Teig einfüllen (Bild 1) und an einem warmen Ort 45–60 Minuten gehen lassen (Bild 2).
- Danach den Gugelhupf im Backofen 40 Minuten backen. Anschließend überkühlen lassen, stürzen und nach dem Auskühlen mit Puder-/Staubzucker bestreuen.

Zubereitungszeit 2 Stunden

Marmorgugelhupf

Vorbereitung

- Den Backofen auf 180 °C vorheizen. Die Eier trennen. Die Zitrone abreiben. Die Eiweiß/Eiklar mit 20 g Puder-/Staubzucker und dem Vanillezucker zu steifem Schnee schlagen und die Zitronenschale zugeben.
- Butter, Kristallzucker, Prise Salz und Eigelb/Dotter in eine Schüssel geben (Bild 1) und mit dem Mixer schaumig schlagen. Den Schnee unter die Eigelb-/Dottermasse ziehen.
- Mehl und Maisstärke vermischen, über die Dotter-Schnee-Masse sieben und vorsichtig unterheben.
- Den Kakao mit dem Öl glatt rühren. Ein Drittel des Teiges in eine andere Schüssel geben, die Kakao-Öl-Masse zugeben und vorsichtig vermengen.
- Eine Gugelhupfform mit Butter ausstreichen und mit Mehl bestauben.

Zubereitung

- Die halbe Menge des hellen Teiges in die Gugelhupfform füllen. Die Kakaomasse löffelweise daraufgeben (Bild 2) und mit dem restlichen hellen Teig abschließen. Danach den Gugelhupf im Backofen ca. 1 Stunde backen.
- Den Gugelhupf vorsichtig stürzen, auskühlen lassen und erst dann die Form entfernen. Danach leicht mit Puder-/Staubzucker bestreuen und in Portionen teilen.

Zubereitungszeit 1 1/2 Stunden

Zutaten (14–16 Stück)

5 Eier
Schale von 1/2 Zitrone
20 g Puder-/Staubzucker
10 g Vanillezucker
250 g Butter
150 g Kristallzucker
1 Prise Salz
190 g Mehl
40 g Maisstärke
10 g Kakao
2 cl Öl

Butter und Mehl für die Form

1

2

Quark-/Topfengugelhupf

aus Hefe-/Germbuchteln*

Zutaten (12 Stück)

Teig
350 g glattes** Mehl
20 g Hefe/Germ
1/16 l Milch
90 g Puder-/Staubzucker
70 g Butter
1 Prise Salz
2 Eigelb/Dotter
2 Eier
Schale von 1/2 Zitrone, gerieben
1/2 Pck. Vanillezucker

Fülle
250 g Quark/Topfen, passiert
80 g Kirschen, kandiert
50 g Puder-/Staubzucker
2 Eier
1 kleines Schnapsglas Rum
1 Pck. Vanillepuddingpulver
Schale von 1/2 Zitrone, gerieben

Butter für die Form
Ei zum Bestreichen
Puder-/Staubzucker zum Bestreuen

* Buchteln = süße gefüllte oder ungefüllte Hefe-/Germknödel
** glatt = fein gemahlen

Vorbereitung

- Das Mehl in eine tiefe Schüssel sieben und in der Mitte eine Mulde machen. Die Hefe/Germ in wenig lauwarmer Milch auflösen und in die Vertiefung gießen. Mit etwas Mehl zu einem weichen Vorteig verrühren. Den Teig an der Oberfläche mit Mehl bestauben und zugedeckt aufgehen lassen.
- Danach mit den restlichen Teigzutaten zu einem glatten, nicht zu festen Teig verarbeiten, der seidig glänzen soll. Zudecken und an einem warmen Ort 1/2 Stunde gehen lassen.
- Die kandierten Kirschen klein hacken. Für die Fülle Quark/Topfen mit Puder-/Staubzucker, Kirschen, Eiern, Rum, Puddingpulver und Zitronenschale glatt verrühren. Den Backofen auf 180 °C vorheizen.

Zubereitung

- Den Teig auf einer bemehlten Arbeitsfläche 5 mm dick ausrollen, in Quadrate schneiden und jeweils einen Esslöffel Fülle daraufsetzen. Danach zu Buchteln drehen und die Teigzipfel gut zusammendrücken (Bild 1).
- Eine Gugelhupfform ausfetten und eine Schichte Buchteln einlegen. Diese mit versprudeltem Ei bestreichen und wieder eine Schichte Buchteln daraufsetzen (Bild 2). Diesen Vorgang so oft wiederholen, bis alle Buchteln aufgebraucht sind.
- An einem warmen Ort schön aufgehen lassen und danach im vorgeheizten Backofen etwa 55 Minuten lang backen.
- Aus dem Backofen nehmen und ungefähr 10 Minuten in der Form stehen lassen. Sodann auf ein Kuchengitter stürzen und nach dem Erkalten mit Puder-/Staubzucker übersieben.

Zubereitungszeit 2 1/2 Stunden

1

2

Gmundner Gugelhupf

Zutaten (12 Stück)
400 g griffiges* Mehl
20 g Hefe/Germ
etwa 1/8 l Milch
100 g Feinkristallzucker
175 g Butter
3 Eier
Schale von 1 Zitrone, gerieben
1 Prise Salz
220 g Korinthen**
100 g fertige Schokoladeglasur oder Kuvertüre
40 g Pinienkerne

Fett und Paniermehl/Semmelbrösel für die Form

* griffig = grobkörnig gemahlen
** Korinthen = Rosinen der Rebsorte Korinthiaki

Vorbereitung

- Das Mehl in eine Schüssel sieben und in der Mitte eine Mulde machen. Die Hefe/Germ in der halben Menge der Milch auflösen und in die Mehlmulde gießen. Mit etwas Mehl zu einem Vorteig verrühren, mit Mehl stauben und zugedeckt 20 Minuten lang gehen lassen.
- Wenn der Vorteig (Dampfl) gut aufgegangen ist, an der Oberfläche grobe Risse zeigt und auseinanderfließt (Bild 1) mit dem Mehl, der restlichen Milch, Kristallzucker, Butter, Salz, Zitronenschale und den Eiern verrühren. Diesen Teig zu einer Kugel formen und 20 Minuten gehen lassen.
- Die Korinthen in kaltem Wasser waschen und in einem Sieb abtropfen lassen.

Zubereitung

- Den Backofen auf 200 °C vorheizen. Den Hefe-/Germteig mit den Korinthen verkneten (wenn nötig, noch etwas Mehl zugeben) und zu einer Rolle formen.
- Eine Gugelhupfform befetten und mit Paniermehl/Semmelbröseln ausstreuen. Die Teigrolle in die Form legen (Bild 2) und weitere 15 Minuten gehen lassen.
- Danach im vorgeheizten Backofen 50–60 Minuten backen. Gegen Ende des Backvorganges den Gugelhupf mit Backpapier oder Alufolie abdecken, damit er an der Oberfläche nicht zu dunkel wird. Danach aus der Form nehmen und erkalten lassen.
- Die Schokoladeglasur erwärmen und den ausgekühlten Gugelhupf damit überziehen. In die noch weiche Glasur Pinienkerne drücken und nach völligem Erstarren der Glasur den Gugelhupf in Portionen aufschneiden.

Zubereitungszeit 1 3/4 Stunden, Wartezeit 1 Stunde

Honigreindling*

Zutaten (6–8 Portionen)
500 g Mehl
35 g Hefe/Germ
100 g Butter
1 Ei
2 Eigelb/Dotter
1/4 l Milch
1 Prise Salz
40 g Zucker

Fülle
150 g Butter
250 g Honig
2 TL Zimt
250 g Rosinen
120 g Walnüsse

Butter für die Form
Honig zum Bestreichen

* Honigreindling = Napfkuchen aus der Kärntner Küche

Vorbereitung

- Das Mehl in eine Schüssel sieben und eine Mulde machen. Die Milch erwärmen und die Hefe/Germ darin auflösen. Das Hefe-Milch-Gemisch in die Mehlmulde gießen und mit etwas Mehl verrühren. Diesen Vorteig (Dampfl) zugedeckt an einem warmen Ort gehen lassen.
- Danach die Butter leicht erwärmen und zum Dampfl geben. Das Ei und die Eigelb/Dotter ebenfalls zugeben.
- Zuletzt Salz und Zucker beifügen und mit dem gesamten Mehl zu einem geschmeidigen Teig verarbeiten. Anschließend den Teig auf das doppelte Volumen aufgehen lassen.
- Den Backofen auf 180 °C vorheizen.

Zubereitung

- Für die Fülle die Walnüsse grob hacken und mit allen übrigen Füllezutaten gut vermischen.
- Den Teig auf einer bemehlten Arbeitsfläche zu einem Rechteck ausrollen und die Fülle gleichmäßig darauf verstreichen. Danach den Teig einrollen.
- Eine runde Backform mit Butter ausstreichen, die Teigrolle kreisförmig einlegen, zudecken und nochmals gehen lassen. Anschließend im Backofen 45 Minuten backen.
- Den gebackenen Reindling (Bild) mit Honig überpinseln. Danach leicht überkühlen lassen, aus der Form stürzen, aufschneiden und servieren.

Zubereitungszeit 1 1/2 Stunden

Rosinenkrapfen

Vorbereitung

- Die Rosinen waschen, verlesen, in Rum einweichen und beiseite stellen.
- Beide Mehlsorten in eine Schüssel sieben und eine Mulde bilden. Die Hefe/Germ in lauwarmer Milch auflösen, in die Mulde gießen, ein kleines Dampfl anrühren und 10 Minuten gehen lassen.
- Danach die restlichen Zutaten zugeben und zu einem glatten Teig verarbeiten. Zuletzt die Rosinen einarbeiten und den Teig zugedeckt an einem warmen Ort 20 Minuten gehen lassen.

Zubereitung

- Den Teig auf eine bemehlte Arbeitsfläche geben und daraus 24 kleine Krapfen schleifen (formen). Die Krapfen flach drücken und zugedeckt wiederum 10 Minuten gehen lassen.
- In einer großen Pfanne reichlich Öl erhitzen und die Krapfen darin ausbacken. Die Krapfen sollen im Öl schwimmen, anschließend die Krapfen mit einem Schaumlöffel vorsichtig aus dem Öl heben und gut abtropfen lassen.
- Die Rosinenkrapfen auf einer Platte arrangieren und vor dem Servieren mit Puder-/Staubzucker bestreuen.

Zubereitungszeit 1 Stunde

Zutaten (24 Stück)

250 g griffiges* Mehl
250 g Weizenvollkornmehl
40 g Hefe/Germ
1/8 l Milch
60 g Zucker
1 Pck. Vanillezucker
etwas Salz
3 EL Rum
4 Eier
50 g Rosinen

Öl zum Ausbacken
Puder-/Staubzucker zum Bestreuen

* griffig = grobkörnig gemahlen

1

2

3

4

5

6

Honigkrapfen

Zutaten (12–15 Stück)

Teig
30 g Hefe/Germ
40 g Kristallzucker
1/8 l Milch
250 g glattes* Mehl
2 Eigelb/Eidotter
20 g weiche Butter

Honigsauce
2 EL Butter
1 EL Mehl
1/2 TL Zimt, gemahlen
1/2 TL Nelkenpulver
2-3 EL Wasser
100 g Honig

Salz
Öl zum Ausbacken

* glatt = fein gemahlen

Vorbereitung

- Die Hefe/Germ mit 1 EL Zucker und ein wenig lauwarmer Milch verrühren, mit Mehl bestauben und aufgehen lassen (Bild 1).
- Dieses „Dampfl" mit dem restlichen Mehl, Zucker, den Eigelb/Eidottern, der Butter, Milch und Salz zu einem glatten Teig verarbeiten (Bild 2).
- Den Teig zugedeckt an einem warmen Ort gehen lassen (Bild 3), bis er sein Volumen verdoppelt hat.

Zubereitung

- Den Teig in 12-15 Stücke teilen, diese zu Kugeln formen und kurz gehen lassen (Bild 4). Mit den Händen die Teigkugeln auseinanderziehen, so dass außen ein dicker Rand entsteht (Bild 5).
- Reichlich Öl in einem Topf erhitzen und die Krapfen darin schwimmend ausbacken (Bild 6). Auf einem Gitter abtropfen lassen.
- Für die Honigsauce die Butter in einer Kasserolle erhitzen und das Mehl darin anschwitzen. Zimt, Nelkenpulver und 2-3 EL Wasser dazugeben und aufkochen. Den Honig einrühren und 4-5 Minuten köcheln lassen.
- Die noch heißen Krapfen mit der Honigsauce beträufeln.

Zubereitungszeit 1 Stunde, Wartezeit ca. 1 Stunde

Vanillekrapfen mit Creme gefüllt

Zutaten (18 Stück)

Teig
500 g glattes* Mehl
75 g Puder-/Staubzucker
100 g Butter
40 g Hefe/Germ
ca. 1/8 l Milch
1 TL Salz
Schale von 1/2 Zitrone, gerieben
1/2 Pck. Vanillezucker
2 EL Rum
4 Eigelb/Dotter

Creme
1/4 l Milch
1/2 Pck. Vanillepuddingpulver
3 EL Kristallzucker
2 Eigelb/Dotter
1 kleines Schnapsglas Rum
1/2 Pck. Vanillezucker

Puder-/Staubzucker zum Bestreuen
Fett zum Backen

* glatt = fein gemahlen

Vorbereitung

- Die Hälfte der Milch erwärmen und die Hefe/Germ darin auflösen. Mit etwas gesiebtem Mehl zu einem weichen Vorteig verrühren. Den Teig an der Oberfläche mit Mehl bestauben und an einem warmen Ort gehen lassen.
- Das restliche Mehl zusammen mit dem Puder-/Staubzucker in eine Schüssel sieben und Salz, Zitronenschale und Vanillezucker beifügen. Die Butter in der restlichen Milch schmelzen lassen und den Rum unterrühren.
- Wenn die Oberfläche des Vorteiges grobe Risse zeigt (Bild 1), die restlichen Zutaten hinzufügen und zu einem nicht zu festen Teig verarbeiten.
- In der Küchenmaschine so lange kneten, bis er seidig glänzt. Sodann zugedeckt an einem warmen Ort 1/2 Stunde gehen lassen.

Zubereitung

- Den Hefe-/Germteig in 18 gleich große Stücke teilen und diese zu Kugeln formen. Die Teigkugeln zugedeckt aufgehen lassen und danach mit einem Ei in die Mitte jeweils eine Vertiefung drücken (Bild 1).
- Die Krapfen noch ein wenig aufgehen lassen und anschließend in genügend heißem (170 °C) Fett auf beiden Seiten goldbraun backen. Behutsam herausheben und auf einem Kuchengitter abtropfen lassen.
- Für die Creme aus Milch, Zucker und dem Vanillepuddingpulver laut Packungsvorschrift einen Pudding bereiten. In den noch heißen Pudding Eigelb/Dotter, Rum und den Vanillezucker einrühren.
- Die Krapfen mit Puder-/Staubzucker bestreuen, mit der heißen Creme füllen und noch warm servieren.

Zubereitungszeit 1 3/4 Stunden

Gebackene Mäuse aus Vollkornmehl

Vorbereitung

- Das Mehl in eine Schüssel geben und in der Mitte eine Mulde machen. Sahne/Obers etwas erwärmen und die Hefe/Germ darin auflösen. Danach in die Mehlmulde gießen und mit wenig Mehl zu einem weichen Vorteig verrühren. Den Vorteig an der Oberfläche mit Mehl bestauben und 1/2 Stunde an einem warmen Ort gehen lassen.
- Danach die restlichen Teigzutaten beifügen, alles zu einem weicheren Hefe-/Germteig verarbeiten und den Teig zugedeckt bei Zimmertemperatur nochmals 1/2 Stunde gehen lassen.

Zubereitung

- Den Teig mit einem Kochlöffel so lange abschlagen, bis er seidig glänzt (oder eine Küchenmaschine mit Knethaken benützen). Danach noch einmal aufgehen lassen.
- Genügend Öl in einer geräumigen Kasserolle erhitzen und mit 2 in heißes Öl getauchten Esslöffeln Nockerln aus dem Hefe-/Germteig ausstechen.
- Die Nockerln in das erhitzte Öl einlegen und schön knusprig braun ausbacken. Anschließend auf einem Küchenpapier abtropfen lassen und vor dem Servieren die gebackenen Mäuse mit Puder-/Staubzucker bestreuen.

Zubereitungszeit 1 3/4 Stunden

Zutaten (4 Portionen)

300 g Weizenvollkornmehl
4 EL Sahne/Obers
15 g Hefe/Germ
1 Prise Salz
40 g Butter
1 Ei
2 Eigelb/Dotter
80 g Honig
1 großes Schnapsglas Rum
etwas Vanillezucker und Zitronenschale, gerieben
lauwarme Milch nach Bedarf

Öl zum Backen
Puder-/Staubzucker zum Bestreuen

Blätterteighörnchen* mit Marzipan gefüllt

Zutaten (8 Kipferln)
600 g Blätterteig (TK-Ware)
400 g Rohmarzipan
1 Ei zum Bestreichen

Mehl für die Arbeitsfläche
Puder-/Staubzucker zum Bestreuen
Fett für das Backblech

* Hörnchen = Kipferln

Vorbereitung

- Den Backofen auf 190 °C vorheizen. Den Blätterteig antauen lassen und auf einer bemehlten Arbeitsfläche ausrollen. Erst in vier Rechtecke und dann schräg in je 2 Dreiecke schneiden (Bild 1).
- Aus dem Rohmarzipan 8 Röllchen bereiten und jeweils auf die breite Seite der Teigdreiecke legen. Mit der Handfläche die Teigdreiecke von oben zur Spitze hin nach unten zu Hörnchen/Kipferln rollen (Bild 2).

Zubereitung

- Die Hörnchen/Kipferln auf ein befettetes Backblech setzen und mit versprudeltem Ei bepinseln (Bild 3).
- Im vorgeheizten Backofen 15 Minuten backen.
- Noch warm vom Blech nehmen und kurz auskühlen lassen. Vor dem Servieren nach Wunsch mit Puder-/Staubzucker bestreuen.

Zubereitungszeit 30 Minuten

Marzipanspitzen

Vorbereitung
- Den Blätterteig antauen lassen.
- Marzipan klein schneiden und mit gesiebtem Puder-/Staubzucker, Rum und Honig glatt verkneten. Orangeat/Aranzini feinst hacken und unter die Marzipanmasse mischen.
- Den Teig auf einer bemehlten Arbeitsfläche etwa 3 mm dünn ausrollen.

Zubereitung
- Den Backofen auf 220 °C vorheizen. Mehl von der Teigoberfläche kehren und den Teig mit versprudeltem Eigelb/Dotter bestreichen.
- Die Marzipanmasse auf einer mit Puder-/Staubzucker bestreuten Arbeitsfläche in der Größe des Teiges dünn ausrollen, auf den Blätterteig legen und gut andrücken.
- 10 spitze Dreiecke ausschneiden und die Dreiecke von der kurzen Seite her wie Salzstangerln einrollen. Danach auf ein mit Backpapier ausgelegtes Blech legen und mit versprudeltem Ei bepinseln.
- Mit gehobelten Mandeln bestreuen und im vorgeheizten Backofen etwa 15 Minuten lang knusprig braun backen.

Zubereitungszeit 40 Minuten

Zutaten (10 Stück)
330 g Blätterteig (TK-Ware)
150 g Rohmarzipan
50 g Puder-/Staubzucker
50 g Orangeat/Aranzini
1 großes Schnapsglas Rum
1 EL Honig
1 Eigelb/Dotter

Ei zum Bestreichen
Mandeln, gehobelt,
zum Bestreuen
Papier für das Blech

Quarkteigecken/Topfenteigzipfel

mit Konfitüre/Marmelade gefüllt

Zutaten (24 Stück)
250 g glattes* Mehl
150 g Puder-/Staubzucker
1/2 Pck. Backpulver
1 Pck. Vanillezucker
150 g Quark/Topfen
150 g Butter
1 Ei
1 Eigelb/Dotter

Ei zum Bestreichen
Johannisbeerkonfitüre/Ribiselmarmelade zum Füllen
Backpapier für das Backblech

* glatt = fein gemahlen

Vorbereitung

- Mehl mit Puder-/Staubzucker, Backpulver und Vanillezucker auf eine Arbeitsfläche sieben. Quark/Topfen zugeben und Butter in Flocken rundum verteilen.
- In der Mitte eine Mulde machen, Eigelb/Dotter und Ei zugeben, mit Hilfe einer Teigkarte alles zu einem krümeligen Gemisch verarbeiten und rasch zu einem glatten Teig verkneten. Den Teig in Folie einschlagen und 20 Minuten im Kühlen rasten lassen.
- Den Backofen auf 200 °C vorheizen. Den Teig auf einer bemehlten Arbeitsfläche etwa 3-4 mm dick ausrollen und das Mehl von der Oberfläche kehren.

Zubereitung

- Den Teig in ca. 10 x 10 cm große Quadrate schneiden und je 1 TL Johannisbeerkonfitüre/Ribiselmarmelade daraufsetzen. Die Teigränder mit versprudeltem Ei bestreichen, die Teigquadrate zu Dreiecken zusammenlegen und die Ränder gut andrücken.
- Die Quarkteigecken/Topfenzipfel auf ein mit Backpapier ausgelegtes Backblech legen, an der Oberfläche jeweils mit versprudeltem Ei bestreichen und ca. 15 Minuten zu schöner, goldgelber Farbe backen.
- Das Backwerk auf dem Blech überkühlen lassen. Danach vom Backpapier lösen und auf einem Kuchengitter vollständig erkalten lassen.

Zubereitungszeit 45 Minuten, Wartezeit 20 Minuten

1

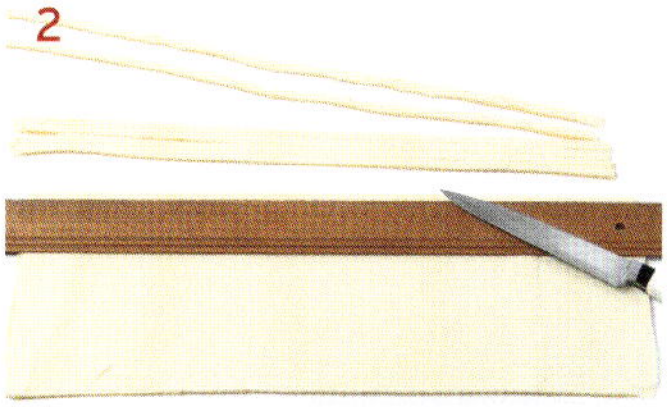
2

3

Knusperbrezerln

mit Konfitüre/Marmelade bestrichen

Vorbereitung

- Alle Zutaten für den Mürbeteig auf eine glatte Arbeitsfläche geben und mit den Händen schnell zu einem geschmeidigen Teig verarbeiten. Danach den Teig – mit Frischhaltefolie bedeckt – 1/2 Stunde im Kühlschrank rasten lassen.
- Den Backofen auf 200 °C vorheizen. Mürbeteig und Blätterteig auf die gleiche Größe und Stärke ausrollen. Den Mürbeteig mit Ei bestreichen (Bild 1), den Blätterteig darauflegen und ebenfalls mit Ei bestreichen.

Zubereitung

- Die Teiglagen der Länge nach in gleichmäßig dünne Streifen schneiden (Bild 2).
- Die Teigstreifen von beiden Seiten (in die entgegengesetzte Richtung) eindrehen und zu Brezerln formen. Die Brezerln auf ein befettetes oder auf ein mit Backpapier ausgelegtes Backblech legen (Bild 3) und im Backofen goldbraun backen.
- Die Aprikosenkonfitüre/Marillenmarmelade erhitzen und die noch heißen Brezerln damit bepinseln.

Zubereitungszeit 40 Minuten, Wartezeit 1/2 Stunde

Zutaten (20–25 Stück)

500 g Blätterteig (TK-Ware)

Mürbeteig

375 g glattes* Weizenmehl
190 g Butter
130 g Puder-/Staubzucker
1 Ei
1 Prise Salz
1 TL Vanillezucker
Schale von 1 Orange und
1 Zitrone

2 Eier zum Bestreichen
Fett oder Backpapier für das Backblech
Aprikosenkonfitüre/Marillenmarmelade zum Bestreichen
Frischhaltefolie

* glatt = fein gemahlen

1

2

Straußen

Zutaten (18 Stück)
500 g glattes* Mehl
25 g Hefe/Germ
1/4 l Milch
40 g Butter
50 g Puder-/Staubzucker
etwas Salz
Schale von 1 Zitrone, gerieben
1 Ei
2 Eigelb/Dotter

Öl zum Backen
Puder/Staubzucker zum Bestreuen

* glatt = fein gemahlen

Vorbereitung

- Mehl auf eine Arbeitsfläche sieben und in die Mitte eine Vertiefung drücken. Hefe/Germ in der halben Menge der lauwarmen Milch auflösen, in die Mehlmulde gießen und mit etwas Mehl zu einem weichen Vorteig (Dampfl) verrühren.
- Die Oberfläche mit Mehl bestauben und das Dampfl schön aufgehen lassen. Wenn es an der Oberfläche grobe Risse zeigt (Bild 1), mit den restlichen Zutaten zu einem glatten Teig verarbeiten.
- Diesen Hefe-/Germteig sodann – zugedeckt mit einem Tuch – an einem warmen Ort 20 Minuten aufgehen lassen.

Zubereitung

- Den Teig auf einer bemehlten Arbeitsfläche 4 mm dünn ausrollen und in 10 x 10 cm große Quadrate schneiden. Die Teigquadrate vier- bis fünfmal nicht ganz bis zum Rand einschneiden und etwas auseinander ziehen, so dass sich die Einschnitte öffnen. Jeweils eine Teigecke durch einen der Einschnitte ziehen, so dass Bällchen entstehen (Bild 2).
- Öl so stark erhitzen, dass es aufzischt. Die Bällchen einlegen und einige Minuten zu schöner, goldgelber Farbe backen. Aus dem Fett heben und auf Küchenpapier gut abtropfen lassen.
- Die Strauben noch heiß mit Puder-/Staubzucker übersieben und nach Möglichkeit sogleich servieren, da sie warm am besten schmecken.

Zubereitungszeit 1 1/4 Stunden

„Böhmische Taler"

Zutaten (25 Stück)
500 g Mehl
35 g Hefe/Germ
1/4 l Milch
80 g Butter
70 g Zucker
1 Prise Salz
Schale von 1 Zitrone

Quark-/Topfencreme
500 g Quark/Topfen
60 g Butter
180 g Zucker
1 Ei
2 Eigelb/Dotter
30 g Maisstärke
2 cl Rum

Mohnfülle
2 Eiweiß/Eiklar
100 g Zucker
250 g Mohn, gemahlen
1/4 l Milch
2 EL Paniermehl/Semmelbrösel

Dörrpflaumenmus
200 g Dörrpflaumen

Butter und Mehl für das Backblech
Mandeln, gehobelt und geröstet, und Puder-/Staubzucker zum Bestreuen

Vorbereitung

- Aus oben genannten Teigzutaten einen Hefe-/Germteig bereiten und 1/2 Stunde rasten lassen.
- Für die Quark-/Topfenfülle alle Zutaten mit dem Handmixer zu einer glatten Masse rühren.
- Für die Mohnfülle Eiweiß/Eiklar mit Zucker steif schlagen und Mohn, Milch und Paniermehl/Semmelbrösel untermengen.
- Für das Dörrpflaumenmus Dörrpflaumen in heißem Wasser kurz aufkochen lassen und mit etwas Flüssigkeit in der Küchenmaschine pürieren.
- Ein Backblech mit Butter ausstreichen und mit Mehl bestreuen. Den Backofen auf 160 °C vorheizen.

Zubereitung

- Den Hefe-/Germteig auf eine bemehlte Arbeitsfläche geben und 1/2 cm dick ausrollen. Mit einem Ausstecher (6 cm Durchmesser) Taler ausstechen.
- Zuerst das Dörrpflaumenmus und danach die Quark-/Topfencreme darauf verteilen. Zuletzt mit einem Löffel die Mohnmasse darauf häufen (Bild 1).
- Die Taler auf das Blech setzen und an einem warmen Ort nochmals aufgehen lassen (Bild 2). Anschließend im Backofen ca. 15 Minuten backen.
- Zuletzt das Gebäck mit gerösteten Mandelblättchen und Puder-/Staubzucker bestreuen.

Zubereitungszeit 1 Stunde

1

2

Powidltascherln*

Zutaten (25–30 Stück)
600 g mehlige Kartoffeln
100 g Kartoffelstärke
20 g Grieß
30 g Butter
2 Eigelb/Dotter
etwas Salz
200 g Pflaumenmus/Powidl
1 cl Rum
etwas Zimtpulver
200 g Paniermehl/Semmelbrösel
120 g Butter

1 Eigelb/Dotter zum Bestreichen
Puder-/Staubzucker zum Bestreuen

* Powidl = Pflaumenmus

Vorbereitung
- Die Kartoffeln in der Schale kochen, schälen, vierteln und ausdampfen lassen.
- Butter, Grieß und Eigelb/Dotter glatt rühren. Die Kartoffeln durch eine Presse drücken und danach mit der Eigelb-/Dottermasse und der Kartoffelstärke rasch zu einem Teig verkneten. Etwas salzen.
- Den Teig auf einer bemehlten Arbeitsfläche ausrollen und mit einem runden Ausstecher (8 cm Durchmesser) Scheiben ausstechen (Bild 1).

Zubereitung
- Das Pflaumenmus/den Powidl mit Rum und Zimt verfeinern und je einen Kaffeelöffel Pflaumenmus/Powidl in die Mitte der Teigscheiben setzen. Den Rand der Teigscheiben mit Eigelb/Dotter bestreichen und die Teigscheiben zusammenklappen (Bild 2).
- Die Tascherln in leicht gesalzenes, kochendes Wasser legen. Sobald sie an die Oberfläche steigen, die Hitze reduzieren und 5 Minuten ziehen lassen.
- Die Butter zergehen lassen, das Paniermehl/die Semmelbrösel zugeben und leicht anrösten.
- Die Powidltascherln mit einem Schaumlöffel aus dem Wasser heben und in den Butterkrümeln/-bröseln wenden.
- Die Powidltascherln auf vorgewärmten Tellern anrichten und mit Puder-/Staubzucker bestreuen.

Zubereitungszeit 1 Stunde

„Salzburger Nockerln“

eine österreichische Spezialität

Zutaten (4 Portionen)
4 Eigelb/Dotter
6 Eiweiß/Eiklar
60 g Kristallzucker
1 Pck. Vanillezucker
40 g Butter
1/16 l Sahne/Obers
30 g glattes* Mehl

Puder-/Staubzucker zum Bestreuen

* glatt = fein gemahlen

Vorbereitung

- Den Backofen auf 210 °C vorheizen. Die Eigelb/Dotter mit dem Vanillezucker schaumig rühren. Die Eiweiß/Eiklar zu steifem Schnee aufschlagen und nach und nach den Zucker einschlagen.
- Die Sahne/das Obers und die Butter in eine Auflaufform geben und in den Backofen stellen.
- Etwas Eischnee mit den Eigelb/Dottern verrühren und danach behutsam das gesiebte Mehl, den restlichen Schnee und das Eigelb-/Dottergemisch vermengen.

Zubereitung

- Mit einer Teigkarte aus dem Teig große Nockerln herausheben und in die heiße Auflaufform setzen.
- Im vorgeheizten Backofen etwa 10 Minuten lang zu schöner, goldgelber Farbe backen. Dabei sollen die Nockerln schön aufgehen und innen noch cremig sein.
- Vor dem Servieren überzuckern und in der Auflaufform rasch zu Tisch bringen.

Zubereitungszeit 30 Minuten

Apfelnockerln

mit Johannisbeer-/

Zutaten (40 Nockerln)
45 g Butter
2 Eier
250 g Quark/Topfen
1 EL Sahne/Obers
170 g Weißbrotwürfel
60 g Mehl
etwas Salz, Zitronenschale und Vanillezucker
2 Äpfel

200 g Johannisbeerkonfitüre/ Ribiselmarmelade

2 EL Butter zum Schwenken
Mohn, gemahlen, und Puder-/ Staubzucker zum Bestreuen
100 g Rote Johannisbeeren/Ribisel zum Garnieren

* Nockerln = kleine Klöße/Knödel, die in Salzwasser gekocht werden

Vorbereitung

- Die Butter und die Eier schaumig schlagen, den Quark/Topfen zugeben und danach die Sahne/das Obers einrühren. Weißbrotwürfel, Mehl, Salz, Zitronenschale und Vanillezucker ebenfalls zugeben.

Ribiselsauce

- Die Äpfel schälen, entkernen, in kleine Würfel schneiden, zur Nockerlmasse geben und alles gut vermischen. Anschließend die Masse 30 Minuten ziehen lassen.

Zubereitung

- Aus der Masse mit 2 Löffeln Nockerln formen. Diese in kochendes, leicht gesalzenes Wasser einlegen und ca. 10 Minuten langsam köcheln lassen. Anschließend die Apfelnockerln mit einem Schaumlöffel vorsichtig aus dem Wasser heben und in der zerlassenen Butter schwenken.
- Die Johannisbeerkonfitüre/ Ribiselmarmelade erhitzen, auf eine Vorlegeplatte gießen und gleichmäßig verteilen.
- Die Nockerln auf die Johannisbeer-/Ribiselsauce setzen, mit Mohn und Puder-/Staubzucker bestreuen und mit frischen Roten Johannisbeeren/Ribiseln garnieren.

Zubereitungszeit 1 Stunde, Wartezeit 30 Minuten

Zwetschkenknödel*

aus Quark-/Topfenteig

Zutaten (12 Knödel)

400 g Pflaumen/Zwetschken
140 g griffiges** Mehl
250 g Quark/Topfen (10 % F. i. T.)
40 g Butter
etwas Salz
1 Eigelb/Dotter
12 Stück Würfelzucker

60 g Butter
Mohn, gemahlen, und Puder-/ Staubzucker zum Bestreuen

* Zwetschken = Pflaumen
** griffig = grobkörnig gemahlen

Vorbereitung

- Für den Quark-/Topfenteig Quark/Topfen, Mehl, Eigelb/Dotter, weiche Butter und etwas Salz gut vermengen. Danach den Teig in eine Folie wickeln und mindestens 1/2 Stunde im Kühlschrank rasten lassen.
- Die Pflaumen/Zwetschken entstielen, waschen, trocknen, einschneiden und die Kerne entfernen. In jede Pflaume/Zwetschke 1 Stück Würfelzucker geben.

Zubereitung

- Den Teig auf einer bemehlten Arbeitsfläche zu einer Rolle formen und von dieser Rolle kleine Stücke abschneiden.
- Die Pflaumen/Zwetschken in jeweils ein Teigstück einhüllen und schöne Knödel formen. In reichlich Salzwasser 6–9 Minuten leicht wallend kochen. Danach die Knödel vorsichtig aus dem Wasser heben und gut abtropfen lassen.
- Mohn und Puder-/Staubzucker vermischen und 60 g Butter zerlassen.
- Die Pflaumen-/Zwetschkenknödel auf geeigneten Tellern anrichten, mit zerlassener Butter begießen und mit dem Mohn-Puderzucker-Gemisch bestreuen.

Zubereitungszeit 45 Minuten

Quark-/TopfennockerIn*

mit lauwarmem Quittenkompott

Zutaten (4 Portionen)

Quittenkompott
450 g Quitten
1/8 l Apfelsaft
80 g Honig
Mark von 1/2 Vanillestange
Zimtpulver

Quark-/Topfennockerln
500 g Magerquark/-topfen
50 g Butter
3 Eier
100 g Toastbrot ohne Rinde
Saft und Schale von 1 Zitrone, unbehandelt und gerieben
2 EL Kristallzucker

Butterkrümel/-brösel
100 g Butter
80 g Paniermehl/Semmelbrösel
70 g Kristallzucker
1 TL Zimtpulver

* Nockerln = kleine Klöße/Knödel, die in Salzwasser gekocht werden

Vorbereitung

- Die Quitten waschen und schälen. Das Kerngehäuse entfernen und die Quitten in kleine Würfel schneiden. In einer Kasserolle Apfelsaft, Honig, Vanillemark und Zimt zum Kochen bringen. Quittenwürfel dazugeben und weich kochen.
- Für die Quark-/Topfennockerln den Quark/Topfen durch ein Sieb streichen und in einer Schüssel mit Butter und Eiern gut verrühren. Anschließend ca. 20 Minuten ruhen lassen.
- Das Toastbrot in kleine Würfel schneiden, mit den restlichen Zutaten unter die Quark-/Topfenmasse mischen und diese nochmals 20 Minuten ziehen lassen.

Zubereitung

- In einem Topf reichlich leicht gesalzenes Wasser zum Kochen bringen. Mit zwei Esslöffeln Nockerln aus der Masse formen und diese im Wasser ca. 8 Minuten ziehen lassen.
- Für die Butterkrümel/-brösel Butter in einer beschichteten Pfanne erwärmen und Paniermehl/Semmelbrösel darin goldgelb rösten, Zucker und Zimt untermischen.
- Die Topfennockerln mit einem Schaumlöffel aus dem Wasser heben, gut abtropfen lassen und in den Butterkrümeln/-bröseln wälzen.
- Auf vorgewärmten Tellern mit dem noch warmen Quittenkompott anrichten. Nach Belieben mit Puder-/Staubzucker bestäuben.

Zubereitungszeit 45 Minuten, Wartezeit 40 Minuten

Rosinenbuchteln*

mit geriebenen Walnüssen

Vorbereitung

- Das Mehl mit dem Zucker auf eine Arbeitsfläche sieben und in der Mitte eine Mulde machen.
- Die Hefe/Germ in der lauwarmen Milch auflösen, mit etwas Mehl verrühren und in die Vertiefung gießen. Mit Mehl bestauben und 1/2 Stunde aufgehen lassen.
- Wenn die Oberfläche des Vorteiges grobe Risse zeigt, die restlichen Teigzutaten beigeben und alles zu einem weichen, glatten Teig verkneten.
- Den Teig zugedeckt an einem warmen Ort etwa 20 Minuten gehen lassen. Den Backofen auf 190 °C vorheizen.

Zubereitung

- Die Rosinen und Korinthen mit dem Vanillezucker, den Nüssen und dem Rum gut vermengen.
- Den Hefe-/Germteig auf einer bemehlten Arbeitsfläche etwa 5 mm dick ausrollen und mit einem Krapfenausstecher Scheiben ausstechen.
- Auf jede Teigscheibe 1 TL Fülle setzen und Buchteln formen. Die Buchteln in zerlassene Butter tauchen, dicht nebeneinander in eine gebutterte Form schlichten und nochmals aufgehen lassen.
- Danach im vorgeheizten Backofen etwa 40 Minuten lang backen. Nach Belieben mit Puder-/Staubzucker bestreuen.

Zubereitungszeit 2 Stunden

Zutaten (4 Portionen)

Teig
400 g glattes** Mehl
70 g Puder-/Staubzucker
20 g Hefe/Germ
1/8 l Milch
2 Eier
2 Eigelb/Dotter
Schale von 1/2 Zitrone, gerieben
1 Prise Salz
80 g Butter

Fülle
je 100 g verlesene Rosinen und Korinthen***
90 g Walnüsse, gerieben
2 große Schnapsgläser Rum
1 Pck. Vanillezucker

* Buchteln = süße gefüllte oder ungefüllte Hefe-/Germknödel
** glatt = fein gemahlen
*** Korinthen = Rosinen der Rebsorte Korinthiaki

1

2

3

Pflaumen-/Zwetschkenbuchteln*

Zutaten (18 Stück)

Teig
400 g Mehl
200 ml Milch
30 g Hefe/Germ
90 g Zucker
2 Eier
80 g Butter

Fülle
18 Pflaumen/Zwetschken
18 Stück Würfelzucker

Butter und Mehl für die Form
1 EL Butter
100 ml Sahne/Obers zum Bestreichen
Puder-/Staubzucker zum Bestreuen

* Buchteln = süße gefüllte oder ungefüllte Hefe-/Germknödel

Vorbereitung

- Für den Teig das Mehl in eine Schüssel sieben und eine Mulde bilden. Die Milch leicht erwärmen und die Hefe/Germ darin auflösen. Das Hefe-Milch-Gemisch in die Mehlmulde gießen und den Zucker darüberstreuen.
- Die Eier einschlagen, die Butter erwärmen und dazugeben und alles mit einem Kochlöffel oder Handmixer zu einem glatten Teig verarbeiten.
- Den Teig mit einem Tuch abdecken und an einem warmen Ort auf die doppelte Menge gehen lassen. Den Backofen auf 180 °C vorheizen.
- Für die Fülle die Pflaumen/Zwetschken waschen, entstielen, mit einem Kochlöffel die Kerne herausdrücken (Bild 1) und den Würfelzucker in die Pflaumen/Zwetschken füllen.

Zubereitung

- Eine geeignete Form mit Butter bepinseln und mit Mehl bestauben.
- Den Hefe-/Germteig auf eine bemehlte Arbeitsfläche geben und in 18 Portionen teilen. Die Teigstücke flach drücken und je eine Pflaume/Zwetschke daraufsetzen. Die Pflaumen/Zwetschken mit dem Teig umhüllen und Knödel bilden.
- Die Buchteln in die Form schichten (Bild 2), mit flüssiger Butter bestreichen und zugedeckt gehen lassen.
- Danach die Buchteln mit Sahne/Obers bestreichen (Bild 3) und 25 Minuten im auf 180 °C vorgewärmten Backofen backen. Vor dem Servieren die Buchteln mit Puder-/Staubzucker bestreuen.

Zubereitungszeit 60 Minuten, Wartezeit 35 Minuten

1

2

Vanillecreme-Kolatschen*

Zutaten (14–16 Stück)

Teig
500 g glattes** Mehl
50 g Puder-/Staubzucker
70 g Butter
40 g Hefe/Germ
ca. 1/8 l lauwarme Milch
2 Eigelb/Dotter
5 g Salz
etwas Vanillezucker
Schale von 1/2 Zitrone, gerieben

Fettziegel
350 g Butter
60 g glattes** Mehl

Creme
1/4 l Milch
2 Eigelb/Dotter
30 g Vanillepuddingpulver
40 g Feinkristallzucker
1/2 Pck. Vanillezucker

Backpapier für das Blech
Eigelb/Dotter zum Bestreichen

* Kolatschen = Mehlspeisen aus einem süßen, festeren Hefe-/Germbutterteig (Plunderteig)
** glatt = fein gemahlen

Vorbereitung

- 500 g Mehl und Puder-/Staubzucker auf eine Arbeitsfläche sieben und in der Mitte eine Mulde machen.
- Die Hefe/Germ in lauwarmer Milch auflösen und in die Vertiefung gießen. Mit etwas Mehl zu einem weichen Vorteig verrühren, an der Oberfläche mit Mehl bestauben und 1/2 Stunde gehen lassen.
- Wenn die Oberfläche des Dampfls grobe Risse zeigt, mit den restlichen Teigzutaten zu einem glatten, festeren Teig vermengen. Diesen zu einer Kugel formen und 1 Stunde recht kühl (ca. 15 °C) rasten lassen.
- 350 g kalte Butter und das gesiebte Mehl verkneten und einen 20 x 20 cm großen Fettziegel bereiten. Diesen ebenfalls bei gleicher Temperatur wie den Hefe-/Germteig rasten lassen.

Zubereitung

- Den Backofen auf 200 °C vorheizen. Den Hefe-/Germteig auf eine Arbeitsfläche legen, an der Oberfläche kreuzweise einschneiden und so ausrollen, dass 4 Lappen entstehen. Den Butterziegel auf den Teig legen (Bild 1), einschlagen und den Teig samt der Butter zu einem Rechteck von 50 x 30 cm ausrollen.
- Den Teig von beiden Längsseiten her zur Mitte hin einschlagen und taschenförmig zusammenlegen, so dass vier Schichten entstehen. Etwas ausrollen und 1 Stunde kühl rasten lassen.
- Diesen Vorgang noch einmal wiederholen, danach 2 Stunden in den Kühlschrank stellen.
- Milch mit Zucker, Puddingpulver, Eigelb/Dottern und Vanillezucker glatt verrühren und auf kleiner Flamme unter ständigem Rühren auf 85 °C erhitzen, bis eine feste Puddingmasse entsteht. Danach erkalten lassen.
- Den Teig auf einer bemehlten Arbeitsfläche etwa 3 mm dünn ausrollen und in 12 cm große Quadrate schneiden. Auf jedes Quadrat 1 EL (gehäuft) Creme setzen, die Teigzipfel jeweils mit Eigelb/Dotter bestreichen und übereinanderschlagen.
- Aus den verbliebenen Teigresten kleine Quadrate schneiden, die Kolatschen damit belegen (Bild 2) und mit Eigelb/Dotter bestreichen.
- Sodann an einem warmen Ort auf einem mit Papier ausgelegten Backblech gehen lassen und danach im Backofen etwa 25 Minuten lang zu schöner, goldbrauner Farbe backen.

Zubereitungszeit 1 Stunde, Wartezeit 3 1/2 Stunden

Rhabarberauflauf mit Überguss

Zutaten (12 Portionen)

Mürbeteig
250 g Mehl
150 g Puder-/Staubzucker
Salz
1 TL Zitronenschale
150 g Butter
1 Ei
1 EL Paniermehl/Semmelbrösel
2 EL Walnüsse, gerieben
1 TL Zimtpulver

Belag
800 g Rhabarber
2 EL Kristallzucker
1 EL Weizengrieß

Überguss
100 g Butter
160 g Puder-/Staubzucker
3 Eier
etwas Salz
3 EL Vanillepuddingpulver
1/4 l Saure Sahne/Sauerrahm
250 g Magerquark/-topfen

Puder-/Staubzucker zum Bestreuen
Butter für die Form

Vorbereitung
- Aus Mehl, Zucker, Butter, Ei, Salz und Zitronenschale einen geschmeidigen Teig herstellen und den Teig zugedeckt kühl rasten lassen.
- Rhabarber putzen, schälen und in 2 cm lange Stücke schneiden. Mit dem Kristallzucker bestreuen und marinieren lassen.
- Eine Quiche-Form (25–28 cm Durchmesser) ausfetten. Den Teig ausrollen, in die Form legen und einen Rand hochziehen.
- Das Paniermehl/die Semmelbrösel mit den Walnüssen sowie dem Zimtpulver vermischen und auf den Mürbeteig streuen.

Zubereitung
- Den Backofen auf 180 °C vorheizen. Rhabarber abtropfen lassen und 1 EL Grieß untermischen. Diese Mischung auf den Mürbeteig geben.
- Die Zutaten für den Überguss nacheinander verrühren, vorsichtig über den Rhabarber gießen und den Auflauf im vorgeheizten Backofen ca. 45 Minuten backen.
- In der Form überkühlen lassen. Erst dann ausstechen und vor dem Servieren mit Puder-/Staubzucker bestreuen.

Zubereitungszeit 1 1/2 Stunden

1

2

Gibanica* aus Slowenien

Vorbereitung

- Den Strudelteig auftauen lassen und so teilen, dass 8 gleich große Blätter entstehen (Bild 1). Eine Keramikform mit zerlassener Butter ausstreichen und mit einem Strudelblatt auslegen. Das Strudelblatt mit etwas zerlassener Butter beträufeln und die halbe Menge des Mohnes darauf verteilen. Mit etwas Zucker bestreuen und mit etwas Saurer Sahne/Sauerrahm beträufeln.
- Das zweite Teigblatt darauflegen, wieder mit Butter bestreichen und die halbe Menge der Nüsse darauf verteilen. Wieder mit etwas Zucker bestreuen, mit Rum beträufeln und wieder mit etwas Saurer Sahne/Sauerrahm beträufeln.
- Danach wieder ein Teigblatt auflegen und mit etwas Butter bestreichen. Nun die halbe Menge des Quarks/Topfens darauf verteilen, mit Rosinen und Zitronenschale bestreuen und mit etwas Saurer Sahne/Sauerrahm beträufeln.
- Neuerlich ein Teigblatt auflegen, mit Butter bestreichen und die halbe Menge der geriebenen Äpfel darauf verteilen. Mit Zimt und Zucker bestreuen und mit etwas Saurer Sahne/Sauerrahm beträufeln.

Zubereitung

- Den Backofen auf 180 °C vorheizen. Den oben beschriebenen Vorgang in gleicher Reihenfolge wiederholen (Bild 2) und als Abschluss die Apfelschichte dick mit Saurer Sahne/Sauerrahm bedecken. Danach ca. 40 Minuten backen.
- Nach dem Backen die Mehlspeise etwas überkühlen lassen, aber noch warm servieren.

Zubereitungszeit 1 1/4 Stunden

Tipp

Gibanica kann auch kalt gegessen werden oder durch ein kurzes Aufwärmen in der Mikrowelle erneut erwärmt werden.

Zutaten (6 Portionen)

120 g Strudelblätter (TK-Ware)
60 g Mohn, gemahlen
60 g Haselnüsse, gerieben
250 g grober Quark/Topfen, 20 % F. i. T.
2 Äpfel, gerieben
50 g Rosinen
120 g Zucker
100 g Butter
3/8 l Saure Sahne/Sauerrahm
Schale von 1 Zitrone, gerieben

Rum zum Beträufeln
Zimt zum Bestreuen

* Gibanica = Mohn-Apfel-Strudel aus Slowenien

Grießschmarren*
mit Pflaumen-/Zwetschkenröster**

Zutaten (4 Portionen)
250 g Weizengrieß
1/2 l Milch
15 g Butter
20 g Braunzucker
1 MS Zimtpulver
80 g Rosinen
40 g Walnüsse

Pflaumen-/Zwetschkenröster
200 g vollreife Pflaumen/Zwetschken
1/8 l Rotwein
2 EL Honig
1 EL Zitronensaft
1 Zimtstange
1/2 Vanillestange
3 Gewürznelken

Braunzucker zum Bestreuen

* Schmarren = auseinandergerissener Eierkuchen
** Röster = gedünstetes Obst

Vorbereitung
- Die Walnüsse klein hacken.
- In einer Kasserolle die Milch zum Kochen bringen und Zucker und Zimt zugeben. Den Grieß einrühren, aufkochen lassen und kalt stellen.
- Für den Pflaumen-/Zwetschkenröster die Pflaumen/Zwetschken waschen, entsteinen und halbieren. Mit Rotwein, Honig, Zitronensaft und den Aromaten verkochen lassen.

Zubereitung
- Die Butter erhitzen. Die Grießmasse mit einer Gabel durchrühren und in die heiße Butter geben. Rosinen und Walnüsse zugeben, mit einem Holzlöffel gut durchrühren und leicht bräunen lassen.
- Danach den Grießschmarren auf vorgewärmten Tellern anrichten oder in der Pfanne servieren. Zuletzt mit etwas Braunzucker bestreuen und mit Pflaumen-/Zwetschkenröster servieren.

Zubereitungszeit 1 Stunde

Quark-/Topfe
mit Aprikosen-/Marille

Zutaten (4 Portionen)
250 g QimiQ (Sahne-Basis)
250 g Quark/Topfen (20 % F. i. T.)
150 ml Milch
3 Eigelb/Eidotter
40 g Butter, geschmolzen
40 g Rosinen
5 Eiweiß/Eiklar
125 g Kristallzucker
100 g glattes*** Weizenmehl

Aprikosen-/Marillenröster
500 g Aprikosen/Marillen
50 ml Wasser
60 g Kristallzucker
Saft 1 Zitrone

* Schmarren = auseinandergerissener Eierkuchen
** Röster = gedünstetes Obst
*** glatt = fein gemahlen

Vorbereitung
- QimiQ glatt rühren. Quark/Topfen, Milch, Eigelb/Eidotter, geschmolzene Butter und Rosinen dazugeben und gut vermischen.
- Aus den Eiweiß/Eiklar und dem Kristallzucker einen cremigen Eischnee zubereiten. Eischnee und Weizenmehl unter die Quark-/Topfenmasse heben.

chmarren*

ster**

- Aprikosen/Marillen waschen, entkernen und in Spalten schneiden.

Zubereitung

- Ein Backblech mit Backpapier auslegen, darauf die Masse verteilen und im vorgeheizten Backofen bei 170–180 °C ca. 30 Minuten goldgelb backen.
- In der Zwischenzeit für den Aprikosen-/Marillenröster Wasser mit Kristallzucker und Zitronensaft aufkochen. Die Aprikosen/Marillen dazugeben und unter mehrmaligem Rühren die Früchte weich kochen.
- Den Schmarren aus dem Backofen nehmen, etwas auskühlen lassen und in Rauten schneiden.

Zubereitungszeit 40 Minuten

Kirschenauflauf

aus Vollkornmehl

Zutaten (6 Portionen)
500 g frische Kirschen
4 Eier
80 g Vollzucker
1 Pck. Vanillezucker
80 g Vollkornmehl
2 cl Kirschwasser
1 Prise Salz

Butter für die Form
Mehl zum Stauben
Puder-/Staubzucker nach Belieben

Vorbereitung

- Die Kirschen waschen und entsteinen.
- Die Eier trennen. Die Eigelb/Dotter mit Zucker und Vanillezucker schaumig schlagen. Die Eiweiß/Eiklar mit Salz zu steifem Schnee schlagen und zur Eigelb-Zucker-Masse hinzugeben.
- Nach und nach vorsichtig das Mehl unterheben und zuletzt die Kirschen zugeben. Den Backofen auf 120 °C vorheizen.

Zubereitung

- Eine Auflaufform mit Butter bestreichen und mit Mehl stauben. Die Auflaufmasse einfüllen und im Wasserbad bei 120 °C 25 Minuten backen.
- Anschließend den Auflauf aus dem Backofen nehmen und sofort servieren.

Zubereitungszeit 1 Stunde

■ Tipp

Falls keine frischen Kirschen vorhanden sind, eignen sich auch Kirschen aus dem Glas (gut abgetropft) für diesen Auflauf.

Süßer Hirseauflauf
mit Mandeln

Zutaten (6–8 Portionen)
250 g Hirse
1 l Milch
50 g Kristallzucker
etwas Salz
1 Pck. Vanillezucker
80 g Mandeln, gerieben
80 g Butter
4 Eier
90 g Kristallzucker
Schale von 1 Zitrone, gerieben

Butter und Paniermehl/Brösel für die Form

Vorbereitung
- Den Backofen auf 180 °C vorheizen. Milch mit 50 g Kristallzucker, etwas Salz und Vanillezucker auf kleiner Flamme aufkochen lassen, Hirse beifügen und ebenfalls auf kleiner Flamme weich kochen.
- Die Masse sodann erkalten lassen und geriebene Mandeln unter die Hirsemasse mengen.

Zubereitung
- Eier trennen. Butter auf Handwärme bringen und sehr schaumig rühren. Nach und nach Eigelb/Dotter beifügen und wieder schaumig rühren. Eiweiß/Eiklar mit 90 g Zucker zu steifem Schnee schlagen.
- Den Butterabtrieb zusammen mit der Zitronenschale unter die Hirsemasse heben und anschließend den Schnee vorsichtig unterziehen.
- Die Masse in eine gebutterte und mit Paniermehl/Bröseln ausgestreute Auflaufform füllen und an der Oberfläche glatt streichen. Im vorgeheizten Backofen ca. 1 Stunde backen. Danach in der Form kurz überkühlen lassen.
- Den Auflauf portionieren und mit Fruchtsaft oder Fruchtmark anrichten.

Zubereitungszeit
1 3/4 Stunden

Briocheauflau
mit Walnüssen

Zutaten (4 Portionen)
400 g Briochegebäck
400 g säuerliche Äpfel
Saft von 1 Zitrone
30 g Butter
1/8 l Weißwein
100 g Kristallzucker
100 g Walnüsse, gerieben
100 g Rosinen
1 Prise Zimt

Überguss
1 Vanilleschote
1/4 l Milch
1/8 l Crème fraîche
3 Eier

Puder-/Staubzucker zum Bestreuen
Vanillesauce und Apfelspalten zum Garnieren
Butter und Paniermehl/Brösel für die Form

Vorbereitung
- Äpfel waschen, schälen, vierteln und die Kerngehäuse herausschneiden.
- Danach die Äpfel feinblättrig schneiden und in Wein, Butter, Zitronensaft und Kristallzucker nicht zu weich dünsten. Sodann erkalten lassen

und mit Walnüssen, Rosinen und Zimt vermengen.
- Briochegebäck in kleine Scheiben schneiden.

Zubereitung
- Den Backofen auf 180 °C vorheizen. Eine Backform mit Butter ausstreichen und mit Paniermehl/Bröseln ausstreuen.
- Die Hälfte der Gebäckscheiben einfüllen, die Apfelmasse daraufstreichen und mit den restlichen Gebäckscheiben abschließen.
- Die Vanilleschote der Länge nach halbieren und das Mark mit einem scharfen Messer herauskratzen. Mit Milch, Crème fraîche und Eiern glatt versprudeln und das Gemisch über den Auflauf gießen.
- Den Auflauf im vorgeheizten Backofen etwa 50 Minuten lang backen. Sogleich portionieren, mit Puder-/Staubzucker übersieben und mit Vanillesauce und einigen Apfelspalten servieren.

Zubereitungszeit 1 3/4 Stunden

Maissterz*
mit Hefe/Germ

Zutaten für 4 Portionen
300 g Maismehl
200 g Weizenmehl
1/2 l Wasser (oder Milch)
1 Pck. Trockenhefe/-germ
3 EL Öl
2 EL Honig
Salz

Butter für die Auflaufform

* Sterz = traditionelles einfaches Gericht aus Österreich

Vorbereitung
- Im lauwarmen Wasser (Milch) die Hefe/Germ auflösen. Die übrigen Zutaten zugeben und gut verrühren. Danach ca. 20 Minuten an einem warmen Ort aufgehen lassen und danach wieder umrühren.

Zubereitung
- Teig in die gebutterte Auflaufform geben und nochmals 20 Minuten gehen lassen.
- Danach im Backofen bei 230 °C anbacken, bei 200 °C ca. 45 Minuten fertigbacken.

Tipp
Dieser Sterz wurde früher oft zu Saurer Suppe gegessen, indem man ihn „eingebrockt" und ausgelöffelt hat.

Zubereitungszeit ca. 50 Minuten, Wartezeit 40 Minuten

Quark-/Topfenschmarren* mit Rosinen

Zutaten (4 Portionen)
300 g glattes** Mehl
500 g Magerquark/-topfen
5 g Salz
Schale von 1 Zitrone, gerieben
3 Eigelb/Dotter
1 Pck. Vanillezucker
100 g Butter
100 g Rosinen

Puder-/Staubzucker zum Bestreuen

* Schmarren = auseinandergerissener Eierkuchen
** glatt = fein gemahlen

Vorbereitung

- Das Mehl auf eine Arbeitsfläche sieben und den Quark/Topfen darauf verteilen. Salz, Zitronenschale und Vanillezucker beifügen.
- In der Mitte eine Mulde machen und die Eigelb/Dotter hineingeben (Bild 1). Alles zusammen zu einem lockeren Teig abbröseln und danach den Teig 1/2 Stunde im Kühlen rasten lassen.
- Die Rosinen verlesen.

Zubereitung

- Den Backofen auf 220 °C vorheizen. Butter in einer geräumigen Pfanne erhitzen und den Schmarrenteig darin anbacken lassen, bis er leicht gebräunt ist.
- Anschließend den Schmarren mit einer Backschaufel auflockern (Bild 2) und die verlesenen Rosinen beifügen.
- Den Schmarren im vorgeheizten Backofen so lange weiterbacken, bis er ganz locker ist und eine schöne Backbräune aufweist.
- Den Quark-/Topfenschmarren sofort anrichten, mit Puder-/Staubzucker bestreuen und mit Apfelkompott servieren.

Zubereitungszeit 40 Minuten, Wartezeit 30 Minuten

■ Tipp

Für das Apfelkompott Wasser und Zucker (Menge nach Belieben), Zitronensaft, Zitronenschale, Zimtrinde und Nelken aufkochen, die Äpfel beifügen und kurz aufkochen lassen.

Böhmischer Weihnachtszopf

Vorbereitung

- Mehl mit Trockenhefe/-germ vermischen. Butter in lauwarmer Milch auflösen, Zucker und Salz einrühren und zum Mehl gießen. Nach Bedarf noch etwas Milch zugießen, alles zu einem glatten Teig verarbeiten und 25 Minuten gehen lassen.
- Für die Quark-/Topfenfülle Butter, Puder-/Staubzucker und Eigelb/Dotter schaumig rühren. Puddingpulver, Quark/Topfen und Zitronenschale einrühren.
- Für die Mohnfülle Milch, Honig und Zucker aufkochen lassen, Mohn beifügen und nochmals aufkochen lassen. Von der Kochstelle nehmen und mit Pflaumenmus/Powidl, Zimt und Zitronenschale vermengen. Danach auskühlen lassen.
- Für die Marzipanfülle Butter, Marzipan, Mandeln, Ei, Eigelb/Dotter, Zitronensaft und Zitronenschale glatt verrühren.

Zubereitung

- Den Backofen auf 180 °C vorheizen. Den Teig dünn zu einem Rechteck ausrollen und längs in 3 gleich breite Streifen schneiden. In der Mitte der Streifen der Länge nach die Füllungen verteilen und die Teigstreifen einrollen.
- Aus diesen drei Teilen einen Zopf flechten, den Zopf in eine befettete Kastenform legen und aufgehen lassen.
- Danach mit Ei bestreichen und im vorgeheizten Ofen ca. 50 Minuten backen. Den Zopf erst nach dem Auskühlen aufschneiden.

Zubereitungszeit 2 Stunden

Zutaten (16 Stück)

Teig
400 g glattes* Weizenmehl
1 Pck. Trockenhefe/-germ
1/8 l Milch, 1 EL Zucker
etwas Salz, 50 g Butter

Quark-/Topfenfülle
40 g Butter
40 g Puder-/Staubzucker
1 EL Vanillepuddingpulver
120 g Quark/Topfen, 10 % F. i. T.
1 Eigelb/Dotter
1 TL Zitronenschale, gerieben

Mohnfülle
100 g Mohn, gemahlen
60 g Puder-/Staubzucker
1/8 l Milch, 1 EL Honig
1 EL Pflaumenmus/Powidl
Zimt, Zitronenschale

Marzipanfülle
100 g Rohmarzipan, 30 g Butter
50 g Mandeln, gerieben
1 Ei, 1 Eigelb/Dotter
Zitronensaft und -schale

Ei zum Bestreichen
Fett für die Kastenform

* glatt = fein gemahlen

1

2

3

Faschingskrapfen

Zutaten (30 Minikrapfen und ein „Superkrapfen“)
90 g Butter
500 g Mehl
35 g Hefe/Germ
250 ml Wasser
5 Eigelb/Dotter
70 g Zucker
4 cl Sahne/Obers
etwas Rum und Zitronenschale

Fett zum Ausbacken
Aprikosenkonfitüre/Marillenmarmelade zum Füllen
Puder-/Staubzucker zum Bestreuen

Vorbereitung

- Die Butter erweichen. Das Mehl in eine runde Schüssel geben und eine Mulde eindrücken. Die Hefe/Germ im lauwarmen Wasser auflösen, in die Mulde gießen und mit den Fingern verrühren.
- Zugedeckt 10 Minuten rasten lassen, danach alle anderen Zutaten zugeben und mit einem Kochlöffel einen glatten Teig schlagen (Bild 1).
- Den Teig an einem warmen Ort zur doppelten Menge aufgehen lassen, anschließend zusammenstoßen, eine Rolle formen und mit Hilfe einer Teigkarte ca. 30 gleich große Stücke portionieren (Bild 2).
- Die Teigstücke zu kleinen, runden Krapfen schleifen (mit der Handinnenfläche auf der Arbeitsfläche drehen) – man kann den Teig aber auch ausrollen und die Krapfen mit einem Krapfenausstecher ausstechen.
- Nach Belieben einen „Superkrapfen“ formen und die Krapfen zugedeckt nochmals aufgehen lassen.

Zubereitung

- In einer großen Kasserolle neutrales Backfett auf 180 °C erhitzen. Die Krapfen zuerst mit der Oberseite nach unten einlegen und zugedeckt 30 Sekunden backen.
- Danach einzeln mit einem Holzspießchen wenden und fertig backen (so entsteht der Rand, Bild 3).
- Die Krapfen vorsichtig aus dem Fett nehmen, auf Küchenpapier abtropfen lassen und noch warm mittels einer Krapfentülle mit Marmelade füllen. Zuletzt überkühlen lassen und überzuckert servieren.

Zubereitungszeit ca. 1 1/2 Stunden

■ Tipp

Ist kein Thermometer vorhanden, misst man die Temperatur des Backfettes mit einem kleinen Stück Weißbrot: wird es langsam goldbraun, ist die richtige Temperatur erreicht.

Osterzopf

Zutaten (16 Stück)
500 g glattes* Mehl
50 g Puder-/Staubzucker
150 g Butter
4 Eier
1 Prise Salz
etwas Zitronenschale, gerieben
35 g Hefe/Germ
Milch nach Bedarf

Fülle
je 100 g Orangeat/Aranzini, Zitronat und Rosinen
150 g Aprikosenkonfitüre/Marillenmarmelade
3 kleine Schnapsgläser Rum

Ei zum Bestreichen
Papier für das Backblech
Aprikosenkonfitüre/Marillenmarmelade zum Bestreichen
Saft von 1 Zitrone
Puder-/Staubzucker nach Bedarf

* glatt = fein gemahlen

Vorbereitung

- Mehl mit Puder-/Staubzucker versieben. Hefe/Germ in wenig lauwarmer Milch auflösen, zusammen mit lauwarmer Butter, Eiern, Salz und Zitronenschale zum Mehlgemisch geben und die nötige Milch hinzufügen.
- Alle Zutaten zu einem geschmeidigen Teig verarbeiten und den Teig so lange abschlagen, bis er seidig glänzt und Blasen wirft.
- Danach zudecken und an einem warmen Ort 1/2 Stunde aufgehen lassen.
- Sodann den Teig dritteln, zu Kugeln formen und eine weitere 1/2 Stunde gehen lassen.

Zubereitung

- Den Backofen auf 180 °C vorheizen. Orangeat/Aranzini, Zitronat und Rosinen jeweils mit einem Schnapsglas Rum und 1/3 der Konfitüre/Marmelade vermengen. Die Teigkugeln oval ausrollen und je eine Fülle der Länge nach darauf verteilen (Bild 1).
- Drei dünne Strudel formen und diese zu einem Zopf flechten (Bild 2). Den Zopf auf ein mit Papier ausgelegtes Backblech legen und schön aufgehen lassen (Bild 3).
- Ei versprudeln und damit den Zopf bepinseln. Sodann im vorgeheizten Backofen etwas mehr als 1 Stunde backen.
- Danach erkalten lassen und dünn mit erhitzter Konfitüre/Marmelade bestreichen.
- Zitronensaft und Puder-/Staubzucker nach Bedarf zu einer dickbreiigen Masse verrühren, über einem heißen Wasserbad bis zur gewünschten Konsistenz erwärmen und mit dieser Glasur den Osterzopf gleichmäßig überziehen.

Zubereitungszeit 3 Stunden

1

2

Allerheiligenstriezel*

Zutaten (1 Striezel, ca. 1,2 kg
700 g glattes** Mehl
30 g Hefe/Germ
1/4 l Sahne/Obers
100 g Puder-/Staubzucker
120 g Butter
1 Vanilleschote
4 Eigelb/Dotter
1 Ei
5 g Salz
1 TL Anis
1 kleines Schnapsglas Rum
2 EL Zitronensaft

Backpapier für das Backblech
Eigelb/Dotter zum Bestreichen
Haselnüsse, gehackt und geröstet, und Hagelzucker zum Bestreuen

* Striezel = Hefezopf
** glatt = fein gemahlen

Vorbereitung

- Die Hefe/Germ in der lauwarmen Sahne/Obers auflösen und mit etwa einem Drittel des gesiebten Mehles zu einem weichen Vorteig verrühren. An der Oberfläche mit Mehl bestauben und an einem warmen Ort gehen lassen.
- Die Vanilleschote der Länge nach aufschneiden und das Mark mit einem scharfen Messer herausschaben. Die Butter bei Zimmertemperatur erweichen lassen.
- Wenn das Dampfl an der Oberfläche grobe Risse zeigt (Bild 1), mit dem restlichen Mehl, den Eigelb/Dottern, dem Ei, der Butter und allen restlichen Zutaten, Aromen und Gewürzen zu einem glatten, geschmeidigen, nicht zu festen Teig verkneten.
- Den Teig an einem warmen Ort mindestens 20 Minuten gehen lassen.

Zubereitung

- Den Backofen auf 180 °C vorheizen. Den Teig in 3 Teile teilen und zu Kugeln formen. Die Teigkugeln an einem warmen Ort zugedeckt 1/2 Stunde gehen lassen.
- Sodann jeweils zu Strängen mit spitz zulaufenden Enden formen, die Stränge zu einem Zopf flechten (Bild 2) und die Teigenden einschlagen.
- Den Striezel auf ein mit Backpapier ausgelegtes Backblech setzen, mit versprudeltem Eigelb/Dotter bestreichen und nochmals gehen lassen.
- Danach wieder mit Eigelb/Dotter bestreichen, mit Haselnüssen und Hagelzucker bestreuen und etwa 50 Minuten lang backen. Auf dem Blech erkalten lassen und erst nach mindestens 2 Stunden in Portionen teilen.

Zubereitung 1 1/2 Stunden, Wartezeit 2 Stunden

1

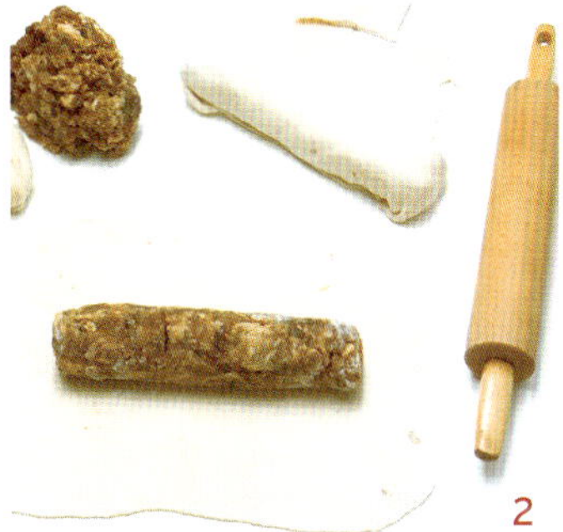

2

Tiroler Früchtebrot

Vorbereitung

- Die Dörrbirnen/Kletzen am Vortag in lauwarmem Wasser einweichen oder in heißem Wasser aufkochen lassen. Danach auskühlen lassen und die Stiele und die Kerngehäuse entfernen.
- Anschließend die Dörrbirnen/Kletzen und die anderen Früchte klein schneiden. Die Früchte mit den übrigen Füllezutaten vermengen und zugedeckt marinieren lassen.
- Für den Brotteig das Mehl in eine Schüssel sieben und das Wasser zugeben. Die Hefe/Germ einkrümeln/-bröseln, den Zucker und das Salz zugeben und alles zu einem glatten Teig verarbeiten.
- Den Teig in vier Teile teilen. Einen Teil gut mit den Früchten verkneten (Bild 1) und aus den restlichen drei Teilen je ein Rechteck ausrollen. Den Backofen auf 180 °C vorheizen.

Zubereitung

- Aus dem Früchteteig Wecken formen und auf die vorbereiteten Teigrechtecke legen. Die Früchteteig-Wecken gut in den Brotteig einrollen (Bild 2) und 1 Stunde an einem warmen Ort gehen lassen.
- Danach das Früchtebrot auf ein geöltes oder mit Backpapier ausgelegtes Backblech legen, mit Wasser bestreichen und im Backofen 50-60 Minuten backen.
- Vor dem Servieren auskühlen lassen und erst dann in Scheiben schneiden.

Zubereitungszeit 3 Stunden, am Vortag bereiten

■ Tipp

Das Früchtebrot passt gut zu einem Glas Glühwein.

Zutaten (3 Wecken à 1 kg)

Fülle
200 g Dörrpflaumen/-zwetschken
300 g Dörrbirnen/Kletzen
200 g Feigen
100 g Walnüsse
100 g Haselnüsse
50 g Zitronat
50 g Orangeat
100 g Rosinen
100 g Korinthen*
125 g Zucker
1 TL Zimtpulver
1 MS Piment
1 TL ganzer Anis
Salz
Rum
etwas Zitronensaft

Brotteig
600 g glattes** Mehl
400 ml Wasser
20 g Hefe/Germ
50 g Zucker
1 Prise Salz

Öl oder Backpapier
für das Backblech

* Korinthen = Rosinen der Rebsorte Korinthiaki
** glatt = fein gemahlen

1

2

Weihnachtsstollen

Zutaten (4 Stollen à 600 g)
1 1/2 kg glattes* Weizenmehl
300 ml Milch
100 g Hefe/Germ
125 g Feinkristallzucker
1/2 kg Butter
Schale von 5 Zitronen, gerieben
5 TL Vanillezucker
10 g Salz
500 g Rosinen
je 150 g Orangeat/Aranzini und Zitronat
100 g Kirschen, kandiert und gehackt
100 g Mandelblättchen
1/4 l Rum

Puder-/Staubzucker zum Bestreuen

* glatt = fein gemahlen

Vorbereitung

- Das Mehl in eine große Schüssel geben und eine Mulde machen. Die Hefe/Germ in die Mulde geben und mit der lauwarmen Milch auflösen. Mit etwas vom Mehl vermengen und an einem warmen Ort 1/2 Stunde gehen lassen.
- Danach diesen Vorteig (Dampfl) mit Mehl, Butter, Zucker, Zitronenschale, Vanillezucker und Salz vermengen und wieder 1/2 Stunde gehen lassen.
- Die Mandelblättchen und den Rum in den Teig einarbeiten und nochmals 10 Minuten gehen lassen.
- Auf einer bemehlten Arbeitsfläche Rosinen, Zitronat, Orangeat/Aranzini und die gehackten, kandierten Kirschen langsam einarbeiten (Bild 1) und wiederum den Teig zugedeckt an einem warmen Ort entspannen lassen.

Zubereitung

- Den Backofen auf 180 °C vorheizen. Den Teig in vier Teile teilen und Kugeln formen. Die Kugeln ausrollen und zu Stollen zusammenschlagen (Bild 2).
- Je zwei Stollen auf ein Backblech setzen und im vorgeheizten Backofen ca. 50 Minuten backen.
- Danach die Stollen sofort mit Puder-/Staubzucker bestreuen und bei Bedarf wiederholen.
- Nach dem Erkalten die Stollen in Alufolie einschlagen und an einem trockenen Ort aufbewahren.
- Vor dem Aufschneiden nochmals mit Puder-/Staubzucker bestreuen.

Zubereitungszeit 3 Stunden

Steirisches Kletzenbrot

Zutaten (1 1/2 kg Brot)
1/2 Pck. Hefe/Germ
300 ml Wasser
500 g Roggenmehl
250 g glattes* Weizenmehl
60 g Feinkristallzucker
1 Prise Salz

Fülle
250 g Dörrbirnen/Kletzen
200 g Feigen
250 g Dörrpflaumen/-zwetschken (ohne Kerne)
je 125 g Orangeat, Zitronat, Haselnüsse, Datteln und Rosinen
2 g Nelkenpulver
1 TL Zimt
1/16 l Rum

Mehl zum Stauben und für das Backblech

* glatt = fein gemahlen

Vorbereitung

- Die Dörrbirnen/Kletzen 1/2 Stunde in Wasser kochen lassen, danach mit allen anderen Früchten klein schneiden.
- Sodann die Haselnüsse und die Früchte in eine große Schüssel geben, mit den Aromaten gut vermischen und 24 Stunden ziehen lassen.

Zubereitung

- Den Backofen auf 180 °C vorheizen. Beide Mehle in eine Schüssel geben. In einer Mulde die Hefe/Germ mit warmem Wasser auflösen, mit etwas vom Mehl vermengen und an einem warmen Ort 1/2 Stunde gehen lassen.
- Das entstandene Dampfl mit dem Mehlgemisch, Zucker und Salz zu einem geschmeidigen Hefe-/Germteig verarbeiten (Bild 1) und wieder eine Stunde gehen lassen.
- Danach den Teig zusammenstoßen und die marinierten Früchte einmengen. Wieder 1/2 Stunde rasten lassen, danach beliebig Laibe und Wecken formen. Auf ein bemehltes Backblech legen und mit Mehl stauben (Bild 2).
- Vor dem Einschieben die Kletzenbrote umdrehen, danach 1 Stunde backen und erst nach dem Auskühlen aufschneiden.

Zubereitung 4 Stunden, Wartezeit 26 Stunden

■ Tipp

Die Kletzenbrote halten sich ca. 2 Monate lang, wenn sie – in Alufolie eingewickelt – an einem feuchten Ort aufbewahrt werden.

Aus unserem Programm „Einfach & gut"

www.stocker-verlag.com

ISBN 978-3-7020-1190-1

ISBN 978-3-7020-1221-2

ISBN 978-3-7020-1211-3

ISBN 978-3-7020-1183-3

ISBN 978-3-7020-1191-8

ISBN 978-3-7020-1186-4

ISBN 978-3-7020-1184-0

ISBN 978-3-7020-1185-7

Leopold Stocker Verlag
Graz – Stuttgart